跨越3个世纪震撼全球教育的育子经典

U0719928

倾情解读
约翰·洛克卓越教育

吕巧玲 编著

嘿!
我是早教书

中国财富出版社

图书在版编目（CIP）数据

倾情解读约翰·洛克卓越教育/吕巧玲编著. — 北京 ： 中国财富出版社，

2017.6

（嘿！我是早教书）

ISBN 978-7-5047-6519-2

Ⅰ.①倾… Ⅱ.①吕… Ⅲ.①儿童教育-家庭教育 Ⅳ.①G78

中国版本图书馆CIP数据核字（2017）第151933号

策划编辑	刘 晗	**责任编辑**	张冬梅 郑晓雯		
责任印制	梁 凡	**责任校对**	孙会香 卓闪闪	**责任发行**	董 倩

出版发行	中国财富出版社		
社 址	北京市丰台区南四环西路188号5区20楼	**邮政编码**	100070
电 话	010-52227588转2028/2048（发行部）010-52227588转321（总编室）		
	010-68589540（读者服务部） 010-52227588转305（质检部）		
网 址	http://www.cfpress.com.cn		
经 销	新华书店		
印 刷	北京竹曦印务有限公司		
书 号	ISBN 978-7-5047-6519-2/G·0683		
开 本	710mm×1000mm 1/16	**版 次**	2018年4月第1版
印 张	15.75	**印 次**	2018年4月第1次印刷
字 数	283千字	**定 价**	39.80元

写在前面的话

可怜天下父母心，在培养孩子上父母都是不遗余力地使出浑身解数，目的只有一个，那就是让孩子成为有用之才。是的，孩子是父母最大的寄托。

在教育孩子上，方法有很多，但是哪一种方法更为有效呢？

研究证明，孩子接受教育越早越好，甚至早到孩子出生之前。于是，早教成了爸爸妈妈们必须温习和钻研的"功课"。

现在，早教已经被爸爸妈妈们所认可。许多父母都能如数家珍地说出蒙台梭利、斯宾塞、卡尔·威特等一大串儿权威的教育家的名字。

在这个领域，国外的早教经验比较丰富，开展得也较早，形成许多权威性的理论。但是在引进这些外国经验时出现了一些争议，有的认为必须全盘接受，有的认为西方的经验不适合中国国情，有的认为可以借鉴，不一而足。无论哪一种观点，都是出于对孩子的负责任，目的是让孩子能接受最适合的早期教育。

纵观当前许多流行的早教书，大多是国外名家的著述，鲜有详尽解读其精髓、按照本土的阅读习惯而精心编排的。由于国外著作理论性强，有些理论交叉在不同的章节中，大家在阅读学习时，显得既费时又费力，还很难懂。

正因为如此，我们才决定下大力气去研读国外的各种早教著述，找出更适合中国父母的早教方法。由于东西方文化的差异、历史成因的不同，在思想上和方法上也有着一定的不同。但是，总体上来说，基本规律还是相同的，那就是孩子身上所表现出来的特征差异不大。应该本着去粗取精、洋为中用的原则，根据是否适合本土的教育环境来取舍。这就是"嘿！我是早教书"系列图书出版的初衷。

我国家教作家吕巧玲、宋璐璐应邀担纲了本套丛书的编撰工作，她们以实际育儿经验和长期研读诸多家教典籍的心得，精心创作出"嘿！我是早教书"系列解读精髓本，呈献给广大读者。其特点是本土化、可读性强、突出重点，围绕孩子身上所出现的种种问题，进行详尽的解读、支招，理论和实践紧密结合，情节生动，说理性强。

本套丛书的最大特点是适合现代父母阅读，在孩子身上所出现的很多问题在这里都有解释。有精彩的案例，有详尽的理论解读，有具体的实施措施，通过这一环扣一环的解读，既点出了名家教育的精髓，又结合了本土实际情况进行逐一答疑，使您做父母更为轻松，在家里就能调教出一个聪明无比的小天才。

一书在手，尽享名家教育精髓。若广大读者在研读本套丛书的过程中能得到启发，将是我们最大的欣慰。

开卷一定有益！

走进贵族教育

　　人生是多姿多彩的，但凡那些事业有成之人，尽管获取成功的方式与道路不尽相同，却在某些方面可以达成共识，那就是都具有一种勤奋耐劳、坚韧不拔的绅士或淑女气质。而一些人之所以终生碌碌无为，追根溯源还在于儿时没有得到良好的品质培植，缺乏勇往直前的进取精神。

　　由此可见，在生命之初的几年里，父母的引导作用举足轻重。通过品评约翰·洛克的绅士与淑女教育，解读洛克的绅士与淑女造就过程，不难发现，给孩子一个良好的品行是何等重要。建议父母们多关注洛克的教育精髓，为孩子的多彩人生做好充分的铺垫和准备。

　　约翰·洛克的绅士与淑女教育的主题思想就是培养孩子既有贵族的风度，能活跃于上流社会和政治舞台，又有事业家的进取精神，能在经济领域有所贡献。也就是说，一个真正的绅士与淑女应具有健康的身心、高尚的德行、渊博的学识、坚强的意志，以及温文儒雅的谈吐、风度翩翩的气质等。而培养一个绅士或淑女，需从体育、德育和智育等多方面进行教育。

　　开展家庭教育的目的，就是让自己的孩子成为有用之才。望子成龙、望女成凤是天下所有父母的愿望。但是，孩子最终能不能成龙成凤，还要取决于父母对他们的教养方式。约翰·洛克所倡导的绅士与淑女教育观，是十分值得推崇的，这是使孩子成龙成凤的基石。因而，父母要把绅士与淑女教育列入家庭教育当中，并身体力行做出表率。

　　许多父母觉得绅士与淑女教育高不可攀，自己本身不是绅士或淑女，又很难找到相应的老师来教授，这是认识上的误区。其实，生活是最好的学校，在一点一滴的生活当中，处处都是培养孩子绅士淑女之风的实用"教材"。只要父母正确引导，孩子就能不断积累起绅士淑女之风。正如习惯的养成一样，需要时间来培植。

洛克已经为我们提出了培养要点，通过对洛克教育精髓详尽的解读，能够让父母在第一时间认识自己的孩子，及时调整教育方向，最终为孩子奠定一个良好的素质基础。绅士与淑女教育一定要从娃娃抓起，要从小培养孩子的绅士与淑女精神，让他们知道什么叫责任、什么叫忍让、什么叫吃苦耐劳、什么叫勇敢无畏等。这样，孩子长大后才能有出息，成为可塑之才。

把男孩培养成优秀卓绝、风度翩翩、品格高尚的绅士；把女孩培养成为温文尔雅、知书达理、气质不凡的淑女，是本书出版初衷。哪个父母不想把自己的孩子培养成身心健康、品德高尚、博学多艺的绅士或淑女呢？请打开此书，一定会使您有意想不到的收益！

吕巧玲
2018年1月于北京

第一章

健康教育，缔造绅士淑女的根基 / 001

　　健康，决定人一生的命运。约翰·洛克认为，教育的目的就是要把孩子培养成一个体魄强健、精神健全和全面发展的绅士或淑女。当一个人拥有了身体和精神这两方面的健康，那么他也就拥有了一切，任何一方面的缺失，都是教育的失败。

第三章

人际交往与得体礼仪，彰显绅士淑女优雅风度 / 079

自然得体、彬彬有礼的举止，可以折射出一个人的优良教养。约翰·洛克强调从小要教给孩子一些与人交往的技巧，让他们深谙礼仪，懂得人情世故，掌握与人交往的技巧。一个温文尔雅、待人殷勤友善的人，也必定会赢得他人的喜欢，受到大家的欢迎和重视。

倾情解读约翰·洛克卓越教育

第五章

给孩子正确的管教，约翰·洛克的家教智慧 / 159

约翰·洛克提出，若想孩子未来成为一个德才兼备的绅士或淑女，就要从小对他进行管束。当然，管束并非声色俱厉，而是要合情合理地去引导，有时温和的管教方法同样可以取得良好的教育效果。

第一章

健康教育，缔造绅士淑女的根基

　　健康，决定人一生的命运。约翰·洛克认为，教育的目的就是要把孩子培养成一个体魄强健、精神健全和全面发展的绅士或淑女。当一个人拥有了身体和精神这两方面的健康，那么他也就拥有了一切，任何一方面的缺失，都是教育的失败。

给孩子一个强健的体魄

健康的精神蕴含在健康的身体中。我们要工作，要幸福，就必须先拥有健康；我们要能忍耐劳苦，要能出人头地，也必须先拥有强健的身体。

——约翰·洛克

🕐 阅读时间：<u>30</u> 分钟　　🎓 受益指数：★★★★★

健康不妨吃点苦

健康的体魄，是绅士与淑女风度的必备要素之一，这源于艰苦环境下的锻造。有必要让孩子吃点苦，只有经历过风雨，才能茁壮成长。

故事的天空

初冬的清晨，寒风有些刺骨，街上的人们都比平常过早地增添了衣服。可是，5岁的强强却一如既往地脚蹬轮滑，穿着小背心和一条薄薄的运动裤，出现在人们的视线里。小家伙精神抖擞地撵在着装一样的爸爸身后，开始了每天必须进行的晨练。

小区里老居民都知道这对"著名"的晨练父子，他们已经连续两年不间断地看到这样的情景，早已见怪不怪了。

蔡莉是新近搬过来的住户，平时很少大清早出门，要不是5岁的儿子吵着要吃煎饼馃子，她还看不到这一幕呢。刚好儿子和强强在同一个幼儿园，她一眼就认出了"耍酷"的强强，惊讶得睁着大眼睛看了老半天。

强强妈妈同样穿着单薄的衣服出现在蔡莉身边，边做着热身运动，边和她打招呼。

蔡莉伸手在强强妈妈的胳膊上扯了扯薄薄的运动衣，惊讶地说："你不冷啊？"然后捏捏自己厚厚的夹克下摆，无声地做着比较。

强强妈妈笑着说："习惯了。"

蔡莉指着正在广场上自由蹬轮滑的强强说："孩子穿得也太单薄了，这等于没有穿衣服啊，小心感冒哦。"

强强妈妈依旧笑笑说："没事的啦，他早就适应了。"说完，就跑了起来，那轻灵潇洒的姿势别提有多美了。

蔡莉看着连连摇头，表示这简直是不可思议。自己的儿子早都裹得厚厚实实的了，现在还赖在被窝里呢。她看着这晨练的一家子生龙活虎的样子，一边替他们担忧，同时也觉得他们实在太另类了。

吕姐爱心课堂

人的身体好，精力才能充沛，其精气神自然也就足了。像强强一家如此磨炼身心的锻炼方式已为数不多。尤其是对孩子，父母更是不舍得让他们吃一点苦。

当今社会，物质生活丰富了，可是孩子的身体却越来越羸弱，小病不断的孩子令家长陷入无尽的担忧和苦恼中。是什么原因让生活在"蜜罐"里的孩子整天泡在"药罐子"里呢？那些爷爷奶奶辈的老人都记得，他们那时候带孩子可没有现在这么用心，营养也没现在这么好，可是孩子几乎很少生病。即使偶尔生病，也能很快就康复了。

约翰·洛克认为："大部分孩子身体不够强壮的原因，都是娇生惯养所致。事实上，要使孩子健康并不难，归纳为一点，就是让孩子体验艰苦。"

如今让孩子吃点苦却是一件不容易的事情。家长宁可自

己吃苦，也要让孩子生活在"富裕"的环境中，所谓不能亏欠孩子。怕孩子受冻，里三层、外三层把他们包裹得严严实实；怕孩子饿着，一天数次拿"好吃的"诱惑孩子；冬天，限制他们到户外活动，让孩子终日生活在"温室"里；夏天，则常常把孩子关在门窗紧闭、开着空调的凉爽房间里。虽然孩子过的说不上是锦衣玉食的生活，却也是衣来伸手、饭来张口，至于让孩子做些家务，出点力气，也是万分舍不得。这看似是一种爱，实质上却是对孩子无形的伤害，不仅削弱了他们对外界环境的适应能力，也降低了孩子的机体抵抗力，同时也剥夺了他们自然成长的最佳时机。

按照约翰·洛克的说法，过多的呵护会让孩子体弱多病，这是有一定道理的。我国传统医学提出的"若要小儿安，须带三分饥与寒"，也从理论上证实了这一观点。看来，为了让孩子能有个健康的好身体，让他们从小体验一些"艰苦"也是十分有必要的。

疼爱孩子，是每一个父母自然舐犊之情的流露。孩子的成长过程，其实就是一个不断努力的过程。让孩子"吃点苦"，多让他们经经风雨，这样才能锻造出一个强壮的好身体，而这样也更有利于孩子的健康成长。

洛克支招DIY[1]

"吃苦受冻"的孩子更健康，别让过度的保护阻碍了孩子的成长发育。俗语说"富门寒教育"，放养远远强于圈养。不要担心孩子吃不了苦，其实一开始你若对他进行"艰苦"的训练，孩子就会逐渐适应并慢慢养成习惯了。

●**耐寒锻炼不可少**。人的适应能力是很强的，对孩子不必让他们穿得过厚，在寒冬季节可以少穿一点，锻炼孩子的抗寒能力。其他季节也要尽量穿薄一些，这样可以锻炼孩子的意志和强健体魄。除了穿衣服外，晚上睡觉，房间不要过热，被子不要过厚等，都是耐寒锻炼的好方法。

●**少用空调，对孩子进行耐热训练**。当炎炎夏日袭来时，不要让孩子长时间待在有空调的房间里，多带他们在常温下玩耍。人的身体调节机制是能够对外界的冷热进行调节的，如果孩子长期待在有空调的房间里，反而不能适应外面的温度，就会变得容易患病，身体虚弱。

●**冷水洗手洗脸**。所说的冷水，其实就是常温状态下的水，与热水相比，自然会感到有些冷，但是人的肌肤是能够接受得了的。对孩子进行冷水训练，可以从夏季开始，这样有一个渐进的适应过程，即便到了冬季，也不会对冷水

①DIY是英文Do It Yourself 的缩写，直译为"己为之"，扩展开的意思是自己动手做。

有过激的反应了。

● 坚持冷水浴。冷水浴可以刺激并促进血液循环和代谢，提高体温调节的灵敏度，帮助孩子增强体质。冷水浴锻炼应根据孩子的年龄和体质而定，循序渐进地进行。一般来说，孩子2~3岁后就可以对他们进行冷水浴锻炼了。开始时，先用与体温接近的温水，然后逐渐降温，过渡到凉水浴。冲淋时应按照从上肢到胸部再到下肢的顺序喷淋，动作要迅速，浴后立即用毛巾擦干全身，使皮肤轻度发红。

● 多带孩子到户外运动。让孩子多走路，多运动，而不要出门就乘车。经常在户外活动的孩子，适应能力强，既开阔了视野，也增强了体质。所以，无论寒暑，都应多带孩子到户外玩耍、运动，使孩子能适应在各种环境下生存。

● 让孩子有点饥饿感。家长总是担心孩子吃不饱，于是给孩子吃各种所谓的好吃的，结果孩子成了小胖墩，可是体质却很差。在孩子饮食上，应坚持"三分饥"的原则。这并不是说要"饿"孩子，而是要坚持每顿饭都能让孩子消化掉的原则。让孩子有一点"饥饿"感，利于胃肠的消化。只有这样，在正常进食的时间，孩子才会胃口大开。

洛克小语 ♡

　　要使孩子健康并不难，归纳为一点，就是让孩子体验艰苦。我们刚出生时，脸部皮肤的耐寒能力和其他部位没有什么区别，只不过因为习惯于一直暴露在外，经受了风吹雨打，因而变得比其他部位更经得起风寒。可见，我们的身体一旦养成了习惯，也是同样能经受得住风吹雨打的。

户外活动，彰显四射活力

新鲜的空气，充足的阳光，大自然的风霜雪雨，无不是孩子健康成长的"营养剂"。只有在大自然中尽享运动的快乐，孩子的身体才会更强壮，并且思维会更活跃，精力也会更旺盛。

👦 故事的天空

4岁的鹏鹏在小区的草坪上"竖蜻蜓"，引来周围人们一片的赞扬和钦佩声。小家伙的"绝技"让很多孩子眼热，有几个小男孩还跑到草坪上模仿着鹏鹏的动作。虽然立不起来，摔在草坪上，但大家的积极性很高，叫喊着，攀比着，嘻嘻哈哈的好不热闹。

孩子们的喧闹声飘进3岁的妞妞家，她跑到阳台上透过大飘窗眼馋地看了一会儿，跑进客厅对正和蒋阿姨说话的妈妈央求道："妈妈，我也想出去玩。"

妞妞妈妈说："宝贝，在家里玩吧，外面太热。"

妞妞继续求道："我要和哥哥们去玩嘛！"

蒋阿姨看了妞妞一眼，对妞妞妈妈说："让孩子去玩呗。"

妞妞妈妈说："小女孩嘛，还是文静些好，整天在外面跑跑跳跳的像个'假小子'。"

蒋阿姨建议道："其实，孩子多在户外活动一下，对身体是很有好处的。"

妞妞妈妈担心地说："总让孩子风吹日晒，脸晒黑了，皮肤吹干燥了，还不越来越丑？"

蒋阿姨笑了，不再说什么，心里想：不能强人所难。

🙂 吕姐爱心课堂

户外活动绝对不是可有可无，而是必须要坚持的。对于孩子来说，适量的户外活动有助于身心的健康发展。妞妞妈妈却错误地认为，女孩子从小就要娇柔文静，不能到处跑来跑去，她对美的理解有些片面。真正的美应该是健康、阳光、活力四射的。苍白无力、弱不禁风可不是一个真正的绅士或淑女的形象。

人是大自然中的一分子，也是由于大自然在提供着丰富的"养料"，才能使人类得以成长和生存。所以，不应该拒绝大自然的慷慨，而是要到大自然中去尽情享受无偿的馈赠。户外活动可以使孩子呼吸到新鲜空气，大大增强机体对外界的适应能力。约翰·洛克就不赞成把孩子关在房间里去培养，而是主张让孩子过"经常的露天生活"。他还特别指出，无论男孩、女孩，都要从小让他们养成户外活动的习惯。多在户外活动，不仅能使孩子长得更健美，适应能力更强，且未来获得幸福的机会也越大，更容易成长为一个有用的人才。

经常参加户外活动，对每个人的健康都大有好处，特别是对于成长期的孩子来说，则更为有益。孩子在大自然各种气候和环境中游戏、玩耍，不仅使他们走、跑、跳、平衡、攀登、钻爬等各种基本动作技能得以强化和发展，还可以使孩子的身体不断受到外界阳光、空气、水和风等的刺激，提高机体对外界环境变化的敏感度，以及对体温调节的能力，加速新陈代谢，促进血液循环，从而大大增强孩子对疾病的抵抗力。生活中，我们总是发现那些一天到晚到处"疯跑"，"好像长在外边似的"孩子的身体更健康，并且思维更活跃，精力更旺盛。

其实孩子无论年龄大小，都有"外出"的欲望。只是有些家长怕户外玩耍不安全、不卫生，或是舍不得让孩子风吹日晒，嫌带孩子出门麻烦、操心等，总是爱把孩子"宅"在家中玩耍。殊不知，那些总是待在家里的孩子，无论怎么活动，其运动量及身体能量消耗也很难与户外的活动相比。活动量不足，也是导致孩子身体虚弱、睡眠不好、食欲不振、便秘等诸多症状的"病因"。

孩子是强健活泼还是娇弱无力，取决于习惯形成之初父母对孩子的教养方式。为了孩子能拥有一个强健体魄，父母应多带孩子走出家门，让他们习惯于户外各种天然的考验。如果连自然界的冷热晴雨都无法承受，孩子的身体健康就会打折扣，更谈不上应对未来人生的种种磨难了。

🙂 洛克支招DIY

经常参加户外活动的孩子，不畏严寒酷暑，体格强健，适应性强。为此，家长应该在孩子很小的时候就有意识地去培养他们的户外活动习惯。否则，当孩子长大以后，不适应户外的环境，也很难对户外活动有兴趣了。

●**贵在坚持。**户外活动要长期坚持，除了极其恶劣的天气外，最好每天都带孩子到户外活动活动。天气好时，可以在户外玩的时间长些；天气不好时，可以酌情减少户外活动的时间。

●**掌握好适宜的活动时间。**带孩子去户外活动，最好在上午10时和下午3时左右，因为这两个时段是全天中空气较洁净的时间。另外，饭前、饭后半小时到一小时之间，不宜进行剧烈的户外活动。

●**不宜让孩子坐或躺在潮湿的地上。**孩子在外面奔来跑去，玩得浑身发热的时候，很有可能坐或躺到潮湿的地上，觉得这样很凉快。家长一定要注意看护好户外玩耍的孩子，发现孩子坐或卧在潮湿的地上，要及时制止，以免引起受寒发热，疾患上身。

●**运动后不宜立即喝冷饮和进入温差较大的场所。**冷饮可以给人带来凉爽降温的感觉，但是激烈运动后立即喝冷饮，容易造成胃肠不适。同时，不要从阳光充足的户外立刻进入开着空调的房间，以免使孩子的身体突然受到较强的刺激，不利于健康。

●**为孩子准备适宜的穿着。**孩子户外活动时，服装要轻便、舒适，避免过多、过厚的衣服限制孩子活动。鞋子以软底鞋为宜，不宜穿过硬、过厚的皮鞋，以免妨碍活动，或有扭伤、摔伤等意外的发生。

●**尽量剔除不利于孩子活动的因素。**安排孩子的户外活动，需根据孩子的年龄和身体情况具体而定，注意劳逸结合，不要让孩子过于疲劳。活动场地也要选择那些适宜运动的安全场所，并让孩子在大人的视线内，以避免出现磕碰伤或发生其他意外。

洛克小语 ♥

　　经常参加户外活动，对每个人的健康都大有好处，特别是有益于成长期的儿童。就算是在寒冷的冬天，也应该常带孩子到外面走一走，活动活动，以让孩子对于天气的冷热或是晴雨更容易适应。这种适应能力应从小对孩子进行培养，如果等到孩子长大成人后再去培养就太迟了。只要及早培养，孩子的身体对一切情况都是可以适应的。

爸 妈 私 房 话

衣着宽松，让肢体强健优美

穿衣打扮，对孩子健康也有着不可忽视的影响。宽松、舒适的衣着，不仅能令孩子活动自如、心情愉悦、运动量大增，更会对孩子优美身材的塑造、肢体的强壮及身心健康大有裨益。

故事的天空

刘芸是一个时尚的妈妈，特别注重衣着打扮，为了显示高挑的身段，她总是喜欢穿紧身的衣服，觉得这样更能突出形体美。她对自己5岁的女儿娇娇也是如此打扮的，向来不给孩子穿宽松的衣裤，为的是从小把孩子塑造成一个时尚的美人坯子。

春天来了，柔柔的风吹拂在脸上，暖融融的，桃花梨花开得正盛，吸引了许多蜂蝶飞来飞去。娇娇穿着一身嫩黄色的健美衣裤，在妈妈的指挥下，摆着各种姿势，妈妈手中的照相机收录进各种永恒的瞬间。

一起来春游的同伴在花丛中、田野间快乐地嬉闹着，在一群穿着宽松的小伙伴中间，漂亮的娇娇显得有些与众

倾情解读约翰·洛克卓越教育

不同。可是，在蹦蹦跳跳等活动上，娇娇则显得有些笨拙了。紧紧箍在身上的健美衣裤限制了她灵活的动作，身上流出的汗水散发不出去，黏糊糊地粘在皮肤和衣服间，更加令人感到燥热。

绰绰妈妈看着娇娇遭罪的样子，对娇娇妈妈说："给孩子换一件宽松点的衣服吧，看把孩子禁锢的，都放不开手脚去活动了。"

娇娇妈妈说："淑女就要从小时候开始培养，养成习惯就定型了。"

绰绰妈妈说："孩子正在长身体，穿过于紧绷的衣服，不利于发育啊。"

坐在一旁的琳琳妈妈也劝告着，指出宽松衣服如何对孩子有好处。

娇娇妈妈觉得她们说的也很有道理，决定回家后立即给孩子去买宽松点的衣服，"淑女风范"等到她大些的时候再说吧，健康比什么都重要。

🙂 吕姐爱心课堂

对于孩子来说，自由应该是放在第一位的，正在发育阶段的孩子由于活动量大，身体不宜受过多的束缚。给孩子穿衣服应以宽松、舒适，便于孩子肢体灵活活动为宜。娇娇妈妈的做法不值得仿效，对孩子百害而无一利。

约翰·洛克认为："'自然'比人类更智慧，伟大的'自然'会依照它认为最佳的方式去形成孩子的体态。如果从小给孩子身体造成各种约束，那么孩子长大后就很少能拥有优美的身材了。"其实，孩子只有无拘无束地活动，才能发育成健康的身体。受我国传统的育儿经的影响，人们总爱把孩子严严实实地包裹在襁褓中，一些"有经验"的老人，还用包布将孩子的腿或腰紧紧捆绑住，认为这样可以使孩子腰长得好看、腿长得直、身材也更颀长挺拔。殊不知，绑腿绑腰对孩子犹如酷刑，不仅影响孩子体形的正常发育，还会危害孩子身体的健康成长。中国历史上的缠足，西方历史上的束腰，都是对孩子身体的残害。

孩子年纪小，正处于长身体的阶段，如果经常穿得过紧，衣服紧紧箍在身上，会影响血液流通，压迫手脚和胸部肌肉，影响身体发育。在难以形成健康的四肢和优美体形的同时，还容易导致孩子身体各脏器和组织长期供氧不足，引发头昏、头痛，并易患呼吸紧促、呼吸道感染及肺炎等疾病。尤其对于发育期的女孩子来说，胸部勒得过紧，不仅妨碍胸廓发育，还会压迫乳房组织，影响乳腺的正常发育。况且孩子生性好动，紧身衣服不利于他们四肢的舒展和活动，易发生危险。

只有给孩子提供宽松的衣服，他们活动起来才能灵活自如，不仅心情愉悦，而且能强身健体，对孩子身体健康大有好处。所以，父母不要为了所谓的"美"，给孩子套上沉重的"枷锁"，病态的美是不值得提倡的。

🙂 洛克支招DIY

孩子穿衣要有讲究。不要为了所谓的"绅士淑女风度"，为了让孩子扮酷，而为他们穿着不适宜的衣服。科学、合理的衣着，才能穿出健康和好身材。

● **不要束缚孩子的小手小脚**。对于刚出生的小孩子，需要包裹时，应将孩子的两只小胳膊放在包单外面，从腋下包住身体，但不要太紧，使两条小腿儿处于自然放松弯曲状态。这样才利于他们的发育，使孩子能够无障碍地健康成长。

● **自然、宽松、舒适为要**。给孩子穿衣服，应本着自然、宽松、符合孩子身体的原则。过紧的束缚会妨碍孩子的自由活动。

● **裤带不宜扎得太紧**。有的父母为防止孩子的裤子掉下来，就用力帮孩子系紧裤带。这种做法不科学。由于孩子肌肉发育不成熟，骨骼柔软，过紧的裤带和松紧带，容易引起肋骨外翻。如果将裤子高高地提在胸部，还会影响孩子胸部的生长发育。

● **鞋袜要适合**。除了衣裤，鞋袜也要穿着合适。选择鞋子时，鞋码要适合。鞋子过大，影响孩子的正常活动，且会妨碍孩子走路的正确姿势。鞋子太小，对孩子脚部肌肉与韧带的发育非常不利。孩子的脚骨软，穿小鞋会使孩子的脚变形。由于孩子脚的生长速度比较快，间隔半年就应考虑给孩子换适合的鞋子。袜子的尺寸也要合脚，过大不跟脚，小了会影响脚的发育。所以，袜子穿小了也要及时更换。

● **首选纯棉面料**。由于孩子的皮肤娇嫩敏感，且活动量大，容易出汗，所以孩子的衣服、袜子应选用吸湿性和透气性能良好的棉质布料或全棉织品为佳。

🙂 洛克小语 ♡

如果孩子从小穿的衣服就紧巴巴的，给身体造成各种约束，那么孩子长大后就很少能拥有优美的身材了。你应当完全遵从自然，由伟大的"自然"依照它认为最佳的方式去形成孩子的体态。

清淡饮食，给孩子一副好肠胃

大鱼大肉虽然美味，可过量食用会给身体埋下健康隐患。清淡饮食则有助于调和肠胃，助消增食，为孩子的健康保驾护航。

故事的天空

5岁的壮壮一点也不壮实，瘦得像一根豆芽菜，一副弱不禁风的样子。着实让妈妈费了一番心思，变着法儿给孩子做好吃的，大鱼大肉、山珍海味几乎顿顿不断，孰料孩子的胃口却越来越差，很少有胃口好的时候。

同在一个院子里的孩子，个个都生龙活虎的，好像喝凉水都长肉，这让壮壮妈妈困惑不已，觉得自家的孩子天生体质差。

5岁的龙龙和妈妈一起从菜市场回来，母子俩大袋小袋地拎着时令蔬菜，小家伙左手拎着一大袋油麦菜，右手拎着几个西红柿，走起路来可带劲了。

壮壮妈妈狐疑地看着他们手里的各色蔬菜，说："龙龙就吃这个？"

龙龙妈妈爽朗地说："可不，青菜是他的最爱，顿顿都少不了的。"她知道壮壮妈妈的心病，

建议道："最好让孩子饮食清淡一些，五谷杂粮什么都吃才有利于孩子的健康。"

壮壮妈妈虽然点头应着，心里还是觉得"食不厌精"才是正理。

壮壮爸爸去北京出差了，不巧妈妈的单位也有了紧急任务，需要到外地的基层去十几天。于是，壮壮就被妈妈托付给邻居龙龙妈妈帮忙带几天，小家伙的吃住都和龙龙在一起。

半个月过去了，当壮壮妈妈再次见到儿子时，小家伙气色红润，精神头十足，胃口也出奇地好。更令她感到惊讶的是，儿子竟然嫌弃妈妈的厨艺不好，做的饭吃起来不香，他喜欢吃豆面和玉米面蒸的小窝头，爱吃大锅煮菜。没办法，她只好去向龙龙妈妈学艺。

事实证明，大鱼大肉抵不上萝卜白菜。

龙龙妈妈告诉她，均衡营养才是科学的，鱼和肉并非是"祸"，关键是掌握一个度。饮食清淡、合理更能给孩子一个好肠胃，对孩子的健康也更有利。

吕姐爱心课堂

如今生活条件好了，鸡鸭鱼肉已成为家常便饭，时时光顾人们的餐桌。尤其是对孩子，父母更是毫不吝啬，什么好吃，什么有营养，就给孩子吃什么。可是，这些精致的美味、高营养的饮食，未必能给孩子带来高素质的体质。就像上文中的壮壮一样，顿顿不离大鱼大肉、山珍海味，胃口却越来越差，身体瘦弱不堪。而龙龙只是粗茶淡饭，却体格强健，一副生龙活虎的样子。这些差异与孩子本身的体质没有太多直接的关系，父母不科学的"营养观"才是真正的"罪魁祸首"。

大鱼大肉不等于高营养，合理科学的饮食，才是最关键的。时下有一句口号："送给孩子美食，不如送给孩子一副好肠胃。"有了好胃肠，才能吃什么都消化，吃什么都香，并利于营养的及时吸收。约翰·洛克提倡清淡饮食，就是基于这样的理念。他强调让孩子少吃肉，尤其是在孩子两三岁前，认为这样可以大大减少孩子出牙过程中的麻烦，同时也能避免很多疾病，为孩子强健的体魄打下更坚实的基础。

现实生活中，孩子拥有太多的美食，许多年轻的父母恨不能把食品店开在自己家里，让孩子大饱口福。结果是孩子越吃越厌食、挑食，越来越没有胃口。口感好的食物，不见得营养丰富。那些所谓的美味食物，在制作过程中添加了许多调味品，而这些调味品虽然口感好，却会影响健康，对身体有着极大的危害。如甜食，容易使牙齿脱钙、软化，容易发生龋齿，引起反酸、高渗性腹泻；钠的摄取量过多，易使血压较高，对肾脏造成负担；过于油腻、黏滞的食物，难以消化，容易引起脂肪痢，而且影响钙质吸收，甚至导致超重、肥胖等。

孩子的胃肠功能虽说与先天的体质有一定关系，但后天的科学养育更为重要。从小培养均衡清淡的饮食口味和习惯，对孩子一生的健康都会产生深远影响。所以，在给孩子制作膳食时，要尽量选择新鲜的食材，减少加工程序，少加调味料，这样更能锁住食物中的营养，利于孩子肠胃的吸收和身体的发育。

洛克支招DIY

良好的饮食习惯，更利于孩子的身体健康。婴幼儿阶段是孩子良好饮食习惯养成的关键时期，父母应尽量给孩子营造一个好的饮食环境。

●**少吃肉和高热量食品。**肉类含有较多的蛋白质、脂肪、无机盐和维生素等营养物质，对孩子的生长发育、生理功能的调节以及维持正常活动起着重要作用。这些只有适量食用才有助于健康。过多的蛋白质、脂肪既加重了胃肠道的负担，又加重了肝、胆、胰等消化腺体的负担，并会累及肾脏等脏器，从而打乱了体内的氮平衡。而那些炸薯条、汉堡包、巧克力等高热量食品，除了影响孩子的胃口，还容易导致肥胖、厌食等症状。

●**所有的食物都要保持清淡。**在口味的制作上，宜淡不宜咸，食物中盐加入过多，不仅容易口渴导致暴饮，对身体的其他损害也很多。且尽量不要放糖，凡是刺激性的、会导致人兴奋的食物都要避免。我们的味觉神经贪婪美味的原因，无不是习惯的作用。所以，为了孩子的健康，在给孩子添加辅食之初，就应让他习惯吃清淡的食物。

●**食物不要过于精细。**吃的粮食过于精细，就会造成某种或多种营养物质的缺乏。如粗纤维食品有较高的营养价值，可以促进咀嚼肌的发育，并有利于孩子牙齿和下颌的发育，所以要把粗杂粮列为日常食谱，如玉米、黄豆、小米、绿豆、蚕豆等。此外，在烹制菜肴时也不要过于精细。有的父母为了菜肴的品相好，只用某些蔬菜的一部分，而把含营养多的那部分反倒扔掉。这种在材料选择上的错误，影响了营养素的供给。在制作程序上也要尽可能简化，因为过于繁杂的加工程序，如反复蒸煮煎炸会破坏其中的维生素和无机盐，从而降低食物的营养价值。

●**尽量不要喝刺激性饮料**。刺激性饮料除了满足口腹之欲外，对孩子的身体没有正面的帮助。过量饮用还会带来胃肠不调和的隐患。所以，尽量不要给孩子喝咖啡、可乐、汽水等饮料。其实，白开水就是最健康的饮品。

●**适量水果不可少**。水果中含有丰富的维生素和矿物质，对孩子的健康大有益处。需要注意的是不要给孩子吃不太熟的水果，且应安排在两餐之间食用，这样更利于孩子的消化和吸收。

洛克小语 ♡

一些父母认为，若不让孩子一天吃上两顿肉，孩子就会营养不良。这些错误的观念为孩子的健康埋下了隐患。人的味觉神经之所以贪婪美味，主要是习惯使然。应从小让孩子少吃肉类，选择清淡、简单的食物。这对孩子现在与将来的健康都有益处。

充足的睡眠，为健康助力

成人睡眠是为了休息，养精蓄锐。而对于处在身体急剧发育期的孩子来说，睡眠不仅仅是休息，也是促进其发育的一种方式。因而一定要合理安排好孩子的睡眠时间，顺应自然规律，让孩子成长得更健康、更富有活力。

📖故事的天空

自从有了儿子济济，赵莹就很少能睡一个好觉了，因为孩子睡眠不好，使得妈妈也睡眠没有规律了。

好友刘英来访，发现赵莹大白天总是哈欠连天的，脸色也不是很好，就关切地问起原因来。

赵莹苦笑着指着正在玩耍的两岁半的儿子，说："自从有了这个'小冤家'，我的睡眠就很少有规律了，这孩子简直就是磨人精，总是很晚才睡觉，害得我只好陪他干熬。"

刘英未置可否，只是点点头，又把话题转移到其他方面上来。通过一天的观察，她发现孩子白天睡眠过多，到了晚上，特别是在看电视时，又是那么有精神头，到了晚上10点，还没有睡意。

赵莹对刘英说："怎么样，这孩子够折腾人的吧？"

刘英说："看出来了，你们母子的作息时间很不科学，没有合理的作息，怎么能有好的睡眠呢？"

赵莹两手一摊，无奈地说："没法儿的事儿，这都养成习惯了。"

刘英笑着说："那还得从习惯上着手呀！"

赵莹蹙着眉头，叹息道："尝试过多次了，总是改不过来。"

刘英鼓励道："坚持，一定要坚持下去，慢慢会改变过来的。"接下来，她提出了许多中肯的建议。

赵莹表示，一定努力改掉不良的作息习惯，坚持早睡早起的科学有规律的睡眠习惯，把这个坏毛病"扭转"过来。

吕姐爱心课堂

睡眠的重要性不言而喻。约翰·洛克说："在一切能给人体带来安慰的事情中，睡眠是儿童最应充分享受的了。因为睡眠最能促进孩子健康的成长发育。"

睡得好，才能发育好。一般来说，新生儿一天要睡16个小时，出生后3个月为14个小时，6个月至1岁要睡13个小时，2~3岁的孩子大约睡12个小时。可以说，睡眠是生理需要，亏欠不得。

充足而深沉的睡眠，有助于孩子保持愉快的情绪和旺盛的食欲。孩子睡眠充足，生长素分泌充分，生长发育良好，个头就会长得高。睡眠与智力发展也有极大的关系。在睡眠中，大脑皮质的神经细胞处于保护性抑制状态，能得到能量和血氧的补充，渐渐消除疲劳，具有更高的兴奋性，因此睡眠质量的好坏直接影响到孩子的智力发育。

良好的睡眠，也是健康的稳定器。在睡眠过程中，人体内会产生一种来自淋巴和骨髓的保护物质。这种物质可以预防和击退疾病的传染和入侵，从而起到抗病免疫的作用。

要想孩子身体好，充足、高质量的睡眠必不可少。只有从小帮孩子养成良好的睡眠习惯，按时睡，按时醒，保证足够的睡眠时间，孩子才能长得壮、吃得香，健康快乐每一天！

洛克支招DIY

睡眠时间占据人生约2/5的时间，睡眠质量的高低决定健康水准。为了孩子的健康着想，父母应合理安排孩子的睡眠时间，使孩子养成良好的睡眠习惯。

● **早睡早起，规律作息。** 人与大自然的节奏要合拍，应坚持日出而作、日入而息的作息规律，养成早睡早起的良好习惯。特别是晚上十点半到凌晨一点左右，一定要达到深度的睡眠状态。这个时间有利于补气养血，使身体得到充分的调理。

● **睡硬床更益于孩子健康。** 睡硬床有助于孩子身材长得挺拔，因为孩子正在长身体，特别是骨骼正处于生长发育中。长期睡软床，容易使脊柱和肢体骨骼发生弯曲或变形，甚至妨碍内脏器官的正常发育，导致孩子身体虚弱多病。

● **多运动有助于睡眠。** 白天尽量让孩子多活动。孩子玩累了，上床后就易入睡，睡眠质量也高。要注意的是睡前不要让孩子运动过量，以免使孩子过度兴奋而难以入睡。

● **睡前准备很重要。** 为孩子营造睡眠气氛，做好睡前的准备工作，会暗示孩子"到睡觉时间了"。如用温水为孩子洗手、洗脸、洗脚，让他们如厕大小便，把灯光调暗，让他们知道上了床就该安静地睡觉。

● **唤醒孩子有讲究。** 对于幼小的孩子来说，想睡多长时间就让他睡多长时间，直到自然苏醒。待孩子稍大些，为了使孩子养成早起的习惯，应及时叫醒孩子，不能让他们养成赖床的坏习惯。不过叫醒孩子时一定要注意声音不能过大，声音要放柔、放低。低柔地呼唤，轻柔地抚拍，或是让孩子在乐曲声中逐渐醒过来，开始精神饱满的一天。

洛克小语 ♡

在一切能给人体带来安慰的事情中，睡眠是儿童最应充分享受的了。因为睡眠最能促进孩子健康的成长发育，父母不要对此多加限制。但一定要帮孩子从小养成早睡早起的习惯，这不仅可以让孩子拥有一个强健的体格，还有助于他们摒弃贪睡的不良习惯。

大便畅通，一身轻松

孩子的"便便问题"可不是小事情，它是孩子身体健康的晴雨表。大便不通，危害多多。只有帮孩子从小养成定时排便的好习惯，让"便便"畅通无阻，才能给孩子一个健康强壮的好身体。

故事的天空

4岁的美美坐在马桶上便便，妈妈间隔几分钟就过来探问"解决"了没有，孩子总是痛苦地摇摇头。

美美便秘已经有一年多了，妈妈刚开始认为是胃肠不舒服，给孩子吃一些调节肠胃、助消化的药物，或是打点开塞露解决一下。可是时间一长，就不管用了，大便依旧干燥，有时两三天一次，有时甚至一个星期就排便两次。

孩子的"方便"问题，成了妈妈的心病，只好到医院寻求帮助。医生给出的"良方"是多吃蔬菜水果和纤维丰富的食物，给孩子养成规律的饮食习惯。

从医院回来后，美美妈妈改变了以往的饮食内

容和习惯，大鱼大肉和精米精面减少了，粗粮蔬菜的比例相应增加，孩子爱喝的饮料停掉了，改成喝白开水，每天都保证有新鲜的水果食用。并且只要早晨用过早餐以后，就督促孩子坐到马桶上，即便没有便意，也让她定时如厕，久而久之形成条件反射。经过一段时间的坚持，美美的排便状况开始有了明显好转，每天早晨都有"便意"，并能很快"解决"。

自从改变了饮食习惯和生活方式，美美的排便"痛快"了，变得很有规律。连胃口也跟着好了很多，以前看到什么都没有食欲，现在吃什么都香甜。

🙂 吕姐爱心课堂

吃喝拉撒睡看似寻常，却不是小事情，任何一样出了问题，都会危及健康，影响到孩子的发育成长。许多父母都尽心尽力操持孩子的吃喝，却对孩子的排便很少关注，觉得吃下喝下的自然会排出，无须特别关注。

关于孩子的"方便"问题，必须引起父母的高度重视。孩子经常出现便秘，不仅可导致肛裂或痔疮，还会影响孩子的消化功能，使食欲减退，逐渐造成孩子营养不良，影响正常的生长和发育。如果长期便秘，孩子的注意力就会过多集中在便秘不适上，对外界事物产生淡漠情绪，还会影响到孩子的智力发育。

按常理说，正在发育中的孩子，不会出现便秘问题，可如今便秘却成了普遍现象。孩子便秘多半属于功能性问题，与不良饮食及排便习惯有密切关系。约翰·洛克认为："按时排便，是最好的调理方法。"他通过研究发现，大便是身体某些运动的结果，特别是肠道的蠕动。如果有意识地不断练习，每天到了某个时间就如厕，长期坚持，就能养成规律排便的习惯。如此一来，便秘问题就迎刃而解了。

许多父母发现孩子有便秘现象，习惯用药物来刺激。这是一个错误的认识，必须摒弃掉。对于孩子来说，过早使用药物，除了对身体有害之外，还容易养成药物依赖性，离开药物就不行了，会变得更加痛苦不堪。调整便秘，除了健康的饮食外，坚持养成每天定时排便的习惯绝对是一个安全科学的好办法。

🙂 洛克支招DIY

当孩子出现便秘情况，不要惊慌失措，要有足够的耐心，通过养成良好的生活习惯进行调理。一般来说，用不了多久，就能使孩子排便变得规律起来。

● 清晨定时如厕。每天早饭后，一定安排孩子去厕所定时排便，使之养成按时如厕的习惯。因为早晨胃是空的，接受食物后，胃的肌纤维会产生强烈的收缩，这种收缩反应还会蔓延至肠道，使肠蠕动增加。这个时间训练孩子排便最为适宜。

● 准备一个专用的便盆。为孩子准备一个专用的便盆，最好带有卡通图案，以便引起孩子的兴趣。然后给孩子讲清楚便盆的用途，让孩子按时练习排便。

● 不给孩子压力。孩子好动，可能不安分去坐便盆。父母要温和地与孩子沟通，尽量让孩子的情绪稳定，能够接受排便练习。每次坐盆5~10分钟为宜，时间长了孩子会失去耐性。

● 一心一意排便。不要让孩子在便盆上做其他事情，如玩玩具、看书等，这样会分散孩子的注意力，延长他的排便时间，甚至有可能养成坏习惯。

● 给孩子补充足量的水。便秘与水分缺失有一定的关系，所以每天要给孩子补充水分，这对肠胃有充分的润滑作用。一般来说，喝白开水就可以了，果汁、可乐、汽水尽量让孩子少喝。

● 蔬果杂粮不可少。鼓励孩子多吃新鲜的菠菜、芹菜、油菜、空心菜、白菜等蔬菜，两餐间可吃些苹果、梨、香蕉等水果。减少精米精面摄入，可适当多吃些五谷杂粮。

● 养成按时吃饭、睡觉的好习惯。要给孩子养成饮食有节制、规律，早睡早起的习惯，使孩子的生活符合人体生物钟的规律。这样有利于孩子胃液正常分泌，有助于食物的消化，减少便秘的形成。

🧒 洛克小语 ♡

　　孩子的排便问题，必须引起父母的重视。经常便秘，会影响孩子的消化功能，不利于孩子的身体健康和生长发育。防止便秘最有效的方法，是让孩子养成清晨定时排便的习惯。只要在早餐后能坚持如厕，用不了多长时间，就可以实现预期的效果。

慎用药品，增强机体免疫力

是药三分毒，滥给孩子用药，是绝对不可取的。细心的父母要学习一些科学护理知识，让孩子依靠自己的身体机能战胜疾病，增强免疫力，不能从小把他们养成"药罐子"。

故事的天空

一大早张美心就被好友鹿丽丽打过来的电话吵醒了，鹿丽丽在电话里大呼小叫地说孩子发烧了，请她这个大医生赶紧前来"救援"。

放下电话，张美心赶紧穿好衣服，从城北匆匆赶到城南的鹿丽丽家。一进门，就见鹿丽丽忙着给孩子穿衣服，她有些等不及了，准备带孩子去医院。见到好友赶到，才大松了一口气。

3岁的小佳佳重新躺下，张美心给孩子测试了体温，观察了一下病情，便宽慰站在一边焦急的鹿丽丽："38度，没事的，是感冒引起的发烧，多给孩子喝点水，让她休息一下就好了。"

鹿丽丽看着小脸烧得红扑扑的孩子，

说："不用去医院？"

张美心肯定地点点头，说："不用的。"说完，走到卫生间，把毛巾用冷水浸湿，敷在佳佳的额头上。

看着孩子安静地入睡，鹿丽丽还是有点担心，回到客厅里，不放心地问："不用吃点退烧药？"然后拉开电视柜下的抽屉，挑出几种退烧药和感冒冲剂，"你是医生，应该知道哪种药更适合吃，我不敢乱给她吃。"

张美心笑了，说："小药箱里还准备得挺齐全，其实这根本用不着。"

鹿丽丽有些惊讶了："药还有用不着的时候？亏你还是一个医生！"

张美心摇摇头说："真的不用，发烧有助于抵抗疾病，不需要服药。如果不到38.5度，最好先不要用药。你放心吧！"

鹿丽丽为了安心，她把张美心"扣"在了家里，说："你得'陪绑'才行，我要看看你的医术管不管用。"

张美心乐得在休息日和她一起聊一聊，好让她长点见识。

到了晚上，通过及时地给孩子喂水、物理降温，佳佳的烧果然退了。

看到鹿丽丽有了笑脸，张美心说："不要轻易去依赖药物，人的机体是有抵抗病毒能力的，发烧就是在和病毒打仗呢，是在增强身体抵抗力。我不主张用药，目的就是要增强孩子自身抗病毒的能力。吃药太多并不利于身体健康，也不利于提高孩子身体的免疫力。"

鹿丽丽信服地说："又学到了许多东西，下回一定不会手忙脚乱的了。"

吕姐爱心课堂

药物有治疗疾病的作用是尽人皆知的，但是药物的害处却很少被注意到。是药就有三分毒，当身体受到疾病侵袭时，首先要考虑依靠自身的免疫力来应对，而不是选择药物。滥用药物，对身体的危害是巨大的。

作为一个曾研读医学，钻研过医药的人，约翰·洛克给予众多家长的忠告是："孩子的身体出现一些轻微的不舒服，根本不必请医生看病吃药。切记！对孩子不可用吃药的办法预防疾病。假如我这个建议你肯接受，其效果一定强过服用各类补药与食品。"

事实上，人体自身有着强大的自愈能力，医学研究表明，平时只要注意调养和改善生活习惯，大多数疾病都是能够自愈的。这主要归功于人体的免疫系统，它就如同厚厚的墙一样，能够将一些小毛病及时抵挡并处理掉。人体自身的这套免疫系统非常完善，当人产生不适或生病时，会马上调整人体的各种功能，并及时调动各种激素，进行及时的自我修复与治疗。如果经常乱用药品，就会使人体的这种自我修复能力遭到彻底破坏，各种病症自然乘虚而来，大肆入侵了。

给生病的孩子科学用药是无可厚非的，但父母也不必一看到孩子有些小症状，就立即想到用大把的药物为孩子治病疗疾。又是打针、输液，又是中药、西药，这样一来，反而把孩子变成了"小病号"。细心的父母不妨多在日常护理上下功夫，给孩子身体内的免疫系统创造发挥作用的机会，尽量让他通过自身的免疫功能进行自我调节和修复。这样孩子的抵抗能力才会逐渐增强，也才会少生病，身体变得健壮起来。

洛克支招DIY

药物的危害是很大的，滥用、误用药物甚至会危及生命。由于正处在发育成长阶段的孩子机体的各种能力正在形成，很容易受到药物的侵害。所以，父母要讲究科学养育，尽量让孩子远离药品。

●**父母应掌握些医疗保健常识**。疾病并不可怕，只要掌握其规律，积极进行预防，就能阻止病菌的侵入。当今获取知识渠道畅通，通过书籍、互联网、保健医生等，都可以直接或间接学到许多医学保健常识。当父母把自己"武装"起来时，就能从容应对孩子容易突发的疾患，做到有的放矢，精心护理了。

●**不要迷信药物的作用**。孩子身上出现的一些症状，通过正确的护理和科学的调养，大多数是能自愈的。不要孩子一出现发烧感冒等症状，就用药物进行控制，相信孩子能通过自身的免疫系统战胜疾病。

●**饮食也是"药"**。许多病是吃出来的，如胃肠疾病与饮食就有直接的关系。平时尽量不要给孩子吃口味重、高热量的食物，清淡饮食不仅利于肠胃的吸收，还能起到排毒解毒作用。

●**利用睡眠来治"病"**。研究表明，睡眠不佳可导致免疫系统功能减弱。让孩子睡好，就可以减少疾病的侵袭。为了孩子身体健康，父母尽量不要带头熬夜，坚持早睡早起的好习惯。

●**开心是万能"药物"**。中医特别强调情志养生，西医也经常为病人开出大笑的"药方"，都说明心情好，胜于用药的道理。所以，父母要为孩子创设一个良好的生活环境，开开心心地生活，自然百病不侵，即便有疾病在身，也能减轻病痛，是一味无毒副作用的"良药"。

● **水的奇妙作用。**孩子有了头疼脑热，医生一般建议多喝水，休息好，而不是用药。对于发烧来说，也要多喝水，经过充分的休息，三五天就会自行消退了。水是人体必需的营养物质，父母应合理地给孩子补充水分，减少疾病的发生。

洛克小语 ♡

　　孩子的身体出现一些轻微的不舒服，对于儿童幼嫩的身体来说，最好是少增加外来的干扰，除非是迫不得已。孩子生活中出现的很多小病痛，只要在最初发作时给予科学护理，一般都可以自愈。假如动辄就拿药给孩子吃，反而有可能会让小病闹成大病。

爸 妈 私 房 话

倾情解读约翰·洛克卓越教育

关注孩子的精神健康

　　身体强壮的主要标准是能吃苦耐劳，精神的强健也是同样。父母应对孩子的精神健康尽早地加以调教，以使他的精神始终能正道直行，在任何场合都能够体现出一个理性人的高贵和优秀。

——约翰·洛克

阅读时间：<u>30</u>分钟　　　　受益指数：★★★★★

溺爱，不是真爱

　　如今"二十四孝父母"越来越多，父母对孩子百依百顺，使得孩子要风得风要雨得雨，想做什么就做什么。这种无原则的纵容和溺爱，会使孩子精神贫瘠，意志薄弱，难以成为可塑之才。

故事的天空

　　4岁的成成在家里却仍像个1岁的小孩子，过着衣来伸手、饭来张口的生活，事事都依赖大人，全家人众星捧月似的宠着他。

　　夏日的一天，大雨哗哗地下着，百般无聊的成成突发奇想，要去游乐园玩骑马。爷爷说："外面在下大雨，连门都出不去，改日天晴了爷爷一定带你去。"

　　成成却不依，非要骑马不可，坐在地上要

赖，又哭又叫："我要骑马，我要骑马……"

爷爷被磨得实在没有什么好法子可想了，只好说："那爷爷给你当马骑，行不行？"说着，弯下身子伏地作马。

成成高兴地骑到爷爷的身上，嘴里还"驾驾"地喊着，让爷爷左转右拐。

爷爷任孙子呼来唤去，累得满头是汗也不敢停下来。

成成的父母回来后见到这一幕，批评儿子说不应该骑在爷爷身上，爷爷还偏袒孙子："是我自己愿意的，没啥，没啥。"

成成的父母没有深究，从包里拿出好多零食，看着儿子高兴的样子，心里别提多高兴了，觉得养孩子就得让他天天开心，花点钱也是值得的。

结果，他们把成成养成了一副典型的"小皇帝"做派，动手能力极差，连自己的扣子都系不好。脾气也很大，在家不听父母管教，在幼儿园不听老师的话。

当老师和家长进行交流时，提到孩子的种种缺点，父母也觉得确实把孩子惯出了毛病，可是又不知该如何解决，表示只能靠老师来进行教育了，毕竟老师的话要比家长管用。

老师很无奈地笑了，只好给他们上起了家教课，让他们知道溺爱对孩子有多大的危害。

🙂 吕姐爱心课堂

溺爱，不是真正的爱，孩子的任性、骄纵等不理性行为，对其性格的形成，对为人处世都有着深远的影响。一个人的行为习惯、脾气秉性，是长期积累叠加形成的。而孩童时代是源头，如果父母对孩子不实施正确的引导，就会导致孩子朝着不良的方向发展。对此，约翰·洛克总结道："在我看来，人们对于子女的教育培养陷入了一个重大的误区——没有及时而充分地关注对孩子的教养。孩子的精神成长在最易于支配的时候，却没有使之遵循戒律、服从理性。"结果自然就很容易变成溺爱。

中国传统教育里，并没有溺爱之说，"惯子如杀子"是自古延续下来的家教经。可是，在当今社会中，溺爱孩子现象比比皆是。究其原因，还是家里孩子少了，生活水平提高了，结果娇惯出许多好逸恶劳的"小皇帝"。

爱孩子是教育孩子的前提，但是理性的爱和非理性的爱所形成的结果大不相同。让孩子在长大的过程中经历一些磨难很有必要，这是一个不能省略的过程，只有经历风雨，他们才能够感受到彩虹与阳光的美丽和重要。在"磨难"

中成长的孩子，会更理性、睿智一些，因为其身心得到了锻炼。所以，父母应该给孩子自己动手的权利和空间，不要一切都替他们打理好，孩子在生活中过于顺利，容易变得软弱、不能独立，这是对孩子的一种伤害。

洛克支招DIY

爱孩子，就要从小给他们面对生活的机会，用理性和智慧的爱把孩子塑造成一个社会的有用之才。

● **对孩子要宽严相济**。既要给予孩子无限的关爱和体贴，又要对他严格要求。爱和管教从来都是并行不悖的，孩子要有爱的润泽才能健康成长，适当的管教也才能让孩子学会规范自己的行为。

● **及时指出孩子的缺点、错误和不足**。对于孩子出现的一些不良行为和举止，一定要及时制止和矫正，如撒谎、打人、偷窃、恶作剧等。如果认为孩子还小，对其一味地放纵和宽容，这些恶习就会伴随着孩子的成长逐渐形成。等到父母被孩子的不良习性所困扰，想除掉那些他们亲手种下的"杂草"时，或许已经错过了矫正的最佳时机。

● **杜绝不合理的要求**。对孩子的不合理要求，一定要顶住压力，不要有求必应。采用说理的方式说明理由，帮助孩子分清是非和对错，使孩子逐步培养起遵守规则的好习惯。

● **包办代替要不得**。孩子自己能做的事情，就让他自己去解决。父母不要包办孩子的一切，否则会使孩子养成事事依赖的心理，长大后将一事无成。

● **不能让孩子控制家长**。父母要掌握决定大权，树立起家长的威信。孩子可以参与一些家庭事务，但是不能凌驾于父母之上。对于孩子提出的无理要求，不予理会，而要让他们知道如何服从。

洛克小语 ♡

父母对孩子的爱如果缺乏理性，就很容易变成溺爱。

抵制诱惑，提升精神免疫力

　　小孩子自控力差，意志薄弱，教育孩子如何抵制诱惑，不被恶习所染，是每个父母都应从小对孩子着手进行培养的。这有助于提升孩子的精神免疫力，从而理性地回避各种不良引诱，选择正确的方式处理事情。

故事的天空

　　小孩子很难抵御住各种诱惑，许多父母都禁不住孩子的软磨硬泡，向孩子缴械投降，一次又一次地满足孩子无休无止的欲望。

　　在这一点上，彬彬妈妈有自己的一套办法，那就是想尽方法让孩子拥有"免疫力"，顶住来自各方面的引诱。彬彬妈妈所采用的招数就是对儿子循循善诱，将那些垃圾食品、垃圾玩具、垃圾图书的危害，不厌其烦地灌输给孩子，让孩子在心里主动建立"防火墙"。

　　彬彬两岁时，有一次和妈妈一起去公园。在公园门口，小商贩手中各种色彩鲜艳的玩具吸引着彬彬的眼球，妈妈咬着他的耳朵说："这些玩具都是你从前玩过的，现在已经不适合你玩了。"

　　这是小家伙第一次遭到妈妈的拒绝，心里有些委屈，于是哭了起来。

　　妈妈赶紧抱起儿子，边向公园里走，边亲着他的小脸蛋。走到猴子园时，荡来跳去的猴子吸引了彬彬的注意力，环境转移了，自然也就不哭了。

经过几次这样的事件后，彬彬就学会了自己去拒绝那些垃圾玩具了。嘴里还嘟嘟囔囔地说："那些玩具不健康，再说已经不适合我玩了。"

采取此种办法，彬彬对某些垃圾食品，还有各色的果味饮料，都建立起自然的防范心理，从来不主动要求父母去买。对于父母推荐的食品，反倒吃得津津有味。

吕姐爱心课堂

当今社会，充斥着各种各样的诱惑，许多成人都难以抵挡，对于几岁的孩子来说更是如此。人们之所以经不起诱惑，与幼小时所接受的熏陶培养有很大的关系。许多父母本身就讲究享乐，对孩子更是竭力满足所提的各种要求，自然在孩子的头脑里难以形成"抵制诱惑"的概念。

约翰·洛克特别注重对孩子"精神免疫力"的培养，他奉劝道："在教育孩子的问题上应特别当心，要警惕孩子周围布满的各种诱惑。"其实，人的欲望是无止境的，如果没有建立理智的心理防线，就容易被各种诱惑所"淹没"而丧失本性，甚至滑向贪得无厌或犯罪的深渊。

孩子在成长过程中，必然要面临影响其道德、行为和心理发展的种种诱惑。要想使孩子远离诱惑，单靠禁绝欲望是行不通的，往往越是受到阻止，孩子越是要探个究竟。最根本的还是要增强孩子抵抗各种诱惑的能力，使孩子知道哪些是可以得到的，哪些是应该拒绝的。这是一种心理素质，而这种心理素质是可以培养的。

作为父母，在满足孩子正常的需求后，最好不要为他们提供过多的物质享受，使孩子从小养成节俭的生活习惯，这样自然而然就能产生抵挡诱惑的心理防线。且要反省一下孩子在平日里是否在无意识中受到了什么不好的引导，并及时给孩子以最明智的教导，以提升孩子抵抗不良引诱的免疫力。

洛克支招DIY

诱惑无处不在，父母应该在孩子幼小的时候就开始向他灌输是非观念，让孩子分辨出好与坏，不断增强其自制能力，进而主动回避和抵制来自方方面面的各种不良的引诱。

●**让孩子知道需要和不一定需要的关系**。从小给孩子讲清哪些是需要，哪些是可以不必拥有的。教育孩子不搞盲目攀比，而是根据实际需要有所选择。要帮助孩子提高分辨能力，认识到贪欲的危害性，使其懂得哪些要求是合理的，哪些要求是不合理的，做到不为外物所动。

●**勤俭朴实的家风**。面对诱惑，父母要为孩子做出榜样，创设一个良好的家风，不去追求浮华的生活，养成勤俭节约的好习惯，使孩子感觉到这就是真正的生活，自然锤炼出抵制诱惑的优良品质。

●**满足孩子的正当需要**。生活上的正当需要，应该及时予以满足，如果满足不了，孩子自然会产生强烈的满足欲望，而不择手段去达到目的，不利于孩子抗诱惑能力的培养。

●**引导孩子从多方面思考**。对孩子提出的不合理要求，不要拒绝了事，而是引导孩子多问几个为什么。通过引导，让孩子明白哪些是自己真正需要的。

●**适当控制孩子的行为环境**。在日常生活中，尽量营造一个帮助孩子培养抗诱惑能力的"替代性环境"。通过改变诱惑物或诱惑指向，用新的行为习惯来替代不良的习惯。如孩子喜欢玩电子游戏，不妨多带孩子去户外玩耍，和他一起比赛跑步，或是和孩子一起阅读、讲故事等。

●**注重培养孩子的自制能力**。日常生活要有规律，如按时上床睡觉、定时进食、拒绝吃零食、游戏不得超过多长时间等，培养孩子规律生活，让他们学会自持自制。逐渐强化孩子的自觉意识，建立起良好的行为习惯，学会自觉抵制外部不良环境和行为的种种诱惑。

洛克小语 ♡

诱惑无处不在，在教育孩子的问题上应特别当心，要警惕孩子周围布满的各种诱惑。负责任的父母应反省一下孩子在平日里是否在无意识中受到了什么不好的引导，并及时给孩子以最明智的教导，以提升孩子抵抗不良引诱的免疫力。

延迟满足，学会用理性克制欲望

　　为了孩子能理性地克制和约束自己的欲望，当孩子提出要求时，最好不要立即给予满足。应让孩子学会等待，用自己的努力得到自己想要的东西，这对孩子自制能力和耐力的培养是极为有利的。

🙂 故事的天空

　　快快的妈妈深谙延迟之道，当孩子向她提出要求时，她不会立即就去满足他，即便是在孩子两三个月大的时候，儿子的哭声也不会让她立刻赶到小床前，而是先在房间里弄出点动静，示意妈妈就在近处，然后大约过一分钟后才过来招呼孩子，使快快从一开始就学会和适应了等待。

　　到快快3岁的时候，妈妈带他去超市，小家伙看中一只可爱的电动小狗，就指着玩具要求道："妈妈，我要小狗。"

　　妈妈看了一眼儿子，说："好呀。"见孩子一副欢喜的样子，接着说，"不过，现在还不能买。"

　　快快着急地问妈妈："为什么呀？"

　　妈妈和蔼地蹲下身来，双手轻轻抚摸着儿子的双肩说："你知道吗，玩具是需要用钱来买的，妈妈得挣到钱才能给你买玩具是不是？"

快快恋恋不舍地看着玩具，懂事地点点头，表示自己愿意等待。

三天后，妈妈对快快说："走吧，宝贝儿，妈妈给你去买玩具。"

快快欣喜地舞动着小手欢呼道："妈妈挣到钱了，我可以有小狗狗啦！"

就这样，快快在妈妈的调教下，非常有耐心，从未出现过哭闹着朝大人要东西的事情，总是耐心地等待父母给自己带来惊喜。

吕姐爱心课堂

快快之所以能努力克制自己的欲望，学会耐心等待，得益于妈妈从小对他进行了很好的训练。如果父母对于孩子的要求，总是有求必应，立即给予满足的话，那么孩子是很难做到自我控制的。

人在不同的年龄段会有不同的欲望，这本身并没有错，但问题出在是否能以理智去规范和约束自己的欲望。约翰·洛克说："我觉得一切美善德行的原则，就在于具备克制欲望、服从理性的能力。一个小时候不习惯服从家长理智规范的孩子，一旦长大成人，可以凭借个人理智进行自我管束时，他往往也很难拥有成熟的理智，去管理好自己的生活。"

许多孩子之所以容易冲动、脾气急躁、没有耐心，都是父母给惯出来的毛病。父母惯出了孩子顽劣的习性，却又幻想着孩子长大后就会自己去改变。这是不可能做到的事情，因为习惯已经成了自然。为了让孩子拥有一个好的品行，从小就要开始对他们进行刻意的训练。当孩子提出要求时，最好不要立即给予满足，要教他习惯克制自己的欲望。让孩子懂得，想拥有某件东西，是因为那件东西对他适用。而想得到某些东西，需要耐心等待。

那些习惯于在期待中获得满足，能用坚忍、顽强的毅力克制自己欲望的孩子，通常更稳重可靠，更能快速地适应环境，人际关系也更融洽。他们不会因为自己的要求被拒绝或暂时被拒绝而"大动干戈"，并能有意识地调节和支配自己的情绪，养成一种自我控制的好习惯。而那些不能延迟满足、克制力差的孩子，则显得固执、孤僻，缺乏克服困难的决心和毅力，遇到挫折容易退缩，他们往往自控力差，没有耐心。

当然，延迟满足不是单纯地让孩子学会等待，也不是一味压制孩子的欲望，而是要让孩子学会选择和取舍，懂得节制嗜欲，养成一种克服当前的困难情境而力求获得长远利益的能力。在延迟满足中，让孩子学会期待、珍惜、克制、奋斗，体验成功的快乐和人生的幸福。

洛克支招DIY

一个人只有学会克制，懂得自控，才会有能力和力量朝着更远大的目标迈进。为了帮助孩子克制"欲望升级"，可以通过延迟满足的方法，逐步训练孩子学会等待。

●**合理满足孩子的欲望**。对待孩子的某些欲望，父母要有明确的态度，该满足的，一定要给予满足；对不合理的要求，就应该断然拒绝。要让孩子明白，不是任何要求都可以得到满足的。

●**从襁褓中开始训练**。延迟满足训练越早越好，当孩子尚在襁褓时，就可以对他进行延迟满足的训练了。如在孩子急于吃奶时，可以让他哭一会儿，但要让他知道你就在他求助的安全范围内，以让他获得安全感。先让他听到你的脚步声，然后拿玩具逗引或慢慢和他说说话，抱起来拍拍、亲亲他，最后再给他吃奶，让孩子在很小的时候就适应这种等待。

●**让孩子等一等**。对于稍大一些的孩子的合理要求，也可以通过"等一会儿"来满足他。如孩子想喝水，可以告诉孩子水太烫，等凉了再喝，这样就可以让孩子试着等待几分钟，使孩子知道什么是等待。

●**通过努力获得**。如孩子想要某个玩具，可以告诉孩子，父母可以满足你的愿望，但是要每天坚持自己刷牙，坚持一周就可以拥有了。这样既能锻炼孩子的耐心，学会克制自己的欲望，又能锻炼孩子的自理能力，并能让孩子明白，想要达到目的就要努力争取。

●**根据年龄和具体情况延缓满足**。对孩子延迟满足的时间要由短到长，逐步增加。可以从开始等几秒，慢慢过渡到等几分、几天，逐渐增加等待时间。每个孩子的年龄和接受延缓满足训练的时间不同，所以应根据孩子的年龄和具体情况而定。

洛克小语 ♡

从孩子一出生，就要教他习惯克制自己的欲望，避免让孩子随时有所期待。一个人要学会节制嗜欲，不被自己生理上的倾向所牵制，应遵从理性所选择的最恰当的指导，即便他理性所指的方向和欲望的方向截然相反。

顶住压力，不向孩子的无理哭闹妥协

迁就和顺从孩子的不合理要求，是在助长他们的"贪欲"，这种自我意识的无限膨胀，容易使孩子变得没有耐性和自私自利。拒绝孩子的不合理要求，就是让他明白，这个世界并非可以为所欲为，而是要学会控制自己。

故事的天空

在商场的玩具专柜前，4岁的乐乐和妈妈站在那里僵持不下。

乐乐坚持要买电动手枪，大声地说："果果就有这样的一个，我要，我就要买，去和他打枪战，看谁更厉害。"

妈妈哄着儿子，指着手里的手袋说："看，已经给你买了这么多好吃的，还有这个'蜘蛛侠'，咱们下次再买手枪。"

乐乐坚持不让步，大声地喊道："不行，就是不行！"

乐乐的大声叫喊，引来许多人的目光。

妈妈看看四周的人群，坚持自己的原则。

看到母子僵持起来，售货员打着圆场说："现在的孩子都这样，既然孩子想要，就给他买一个吧。"乐乐听有人帮自己说话，更加理直气壮起来。

妈妈抱歉地对售货员笑笑，表示为了抑制儿子乱要物品的坏毛病，铁定了自己的主意，决不向儿子妥协。

乐乐见自己的愿望受阻，干脆坐到地上大哭起来。

妈妈决然地转身向出口走去，根本不回头看坐在地上撒泼的儿子。

乐乐心里开始发慌，见妈妈就要走出门口，消失在自己的视野里时，赶紧爬起来，一溜小跑地撵了上去，害怕妈妈不要自己了。至于电动手枪，早就撒到了脑后。

吕姐爱心课堂

在生活当中，经常看到这样的场景：孩子为了达到某种目的，哭喊耍赖，踢打大人等。越是在众人面前，他们越是放肆，一副不达目的誓不罢休的样子，弄得大人哭笑不得。在这种令人尴尬的情形中，父母妥协者有之，劝说者有之，干脆不予理睬者亦有之。

对于孩子的无理取闹，千万不要向其妥协。孩子年纪小，心眼儿可不少。他们很会察言观色，一旦发现父母有动摇的迹象，立即变本加厉，直至达到自己的目的为止。约翰·洛克针对孩子的无理哭闹，告诫父母："一定不可因为孩子哭闹着索要某样东西，便让他拥有。如果父母能保持头脑清醒，根据这一原则教育孩子的话，那么，孩子就不会学会贪心。"

孩子一哭闹就无条件予以满足，对他们的成长是很不利的。不论是孩子想要的东西或想做的事情，只要不适合他们或者是没满足的必要，就应该坚决地予以回绝，不给他们放任得逞的机会。当然，对于孩子正当合理的需求，应给予及时的满足。如果孩子从来没有因为自己的哭闹，得到想要的东西，自然就不会采取哭闹的方式来索要了。

不满足孩子的无理要求，也是对孩子的一种爱。这对磨炼孩子的耐性，培养孩子的意志品质、人际关系和适应能力都很重要。假如今天父母不去拒绝他的不合理要求，明天就会有更多的人拒绝他。用父母的坚持和不妥协来换取孩子的良好品质，是十分值得的。

洛克支招DIY

家中有了"小赖皮"，父母一定要顶住来自各方面的压力，决不要因为不忍心而向孩子妥协。要让他明白，哭闹的方式是不起任何作用的。如果你能扛得住，孩子终将也能扛得住，并学会和接受等待。

●**半点迁就都不要有**。对待孩子的无理哭闹，不能答应的，一定要坚持原则不动摇，把孩子无理取闹的不良习性扼杀在摇篮中。等碰过几次钉子后，他自然会明白自己的招数起不到任何作用，更达不到目的，只有偃旗息鼓了。

●**不妨采取冷处理**。当孩子无理哭闹时，不要强迫孩子马上停止哭闹，而是静静地在一边冷眼旁观，或者干脆去干别的事情。待他情绪平静下来后，可以通过打比方、讲道理的形式进行亲子沟通，使孩子能明辨是非，知道美与丑，逐渐培养起良好的行事习惯。

●**控制住火气**。孩子耍赖撒泼，父母要控制住自己的情绪，千万不可恐吓或打骂孩子，这样做非但起不到制止的作用，还会强化他们的不良行为。

●**转移注意力**。小孩子没有长性，注意力很容易被转移。越是孩子感兴趣的事，越能更快地把他们从哭闹中引开。对于比较小的孩子，给他一块糖或给他喜爱的玩具，就能止住哭闹。对于较大的孩子，可以用带他到动物园看动物，去游乐场玩蹦床等方式来转移他的注意力。

●**提前打好"预防针"**。在预料到孩子将要做出某些不合理行为之前，父母不妨采取措施，避免事态进一步发展。如在去超市之前先给孩子打"预防针"，让他知道此次购物只能给他买一件喜欢的玩具，不可以随便乱要物品。否则，就不能和妈妈一起出行。

洛克小语 ♥

　　当孩子向你提出不合理的要求，只要你拒绝过他，以后不管他如何哭喊着要，都一定不可再给他。父母在孩子面前必须说话算数，除非你头脑发晕，想把孩子培养成无耐性、爱纠缠的人，才会鼓励他这样做。

倾情解读约翰·洛克卓越教育

第二章

优良的道德品行，卓越教育的核心与灵魂

　　一个人如果缺乏良好的道德与品行，那么就无所谓人生幸福可言。约翰·洛克对孩子德行的培养最为重视，他告诫天下父母："培养孩子的德行，是世界上最有价值和最高尚的工作，人的品德越高，就越容易取得一切成就。"

德行是第一位

在一位绅士或淑女的各项品性当中，德行应排在第一位，是最不可或缺的。一个人若想得到其他人的欢迎，受到别人的尊重和爱戴，并让自己对自己也满意，至关重要的品质就是德行。一个缺少德行的人，是不可能获得和拥有幸福的。

——约翰·洛克

阅读时间：<u>30</u> 分钟　　　　受益指数：★★★★★

多练习，强于定规矩

要想孩子拥有良好品行，仅凭规矩约束是不能达到预期效果的。父母应多给孩子创造实践的机会，让他们在反复练习中获得经验。只有这样，希望孩子具有的那些行为习惯才会在他身上生根发芽。

故事的天空

星期日，照照妈妈的老同学贾菲菲从另外一个城市赶来做客，好朋友见面自然是一番亲热。

照照躲在妈妈的身后，腼腆地看着到来的客人。

照照妈妈拉过儿子，启发道："来，快叫阿姨好。"

照照小脸憋得通红，半天才磕磕巴巴地说出："阿姨好！"然后又躲到了妈妈的身后。

两个大人坐定后，照照妈妈对老同学说："哎，这孩子，平时没少调教，可是一到关键时刻就卡壳了。"

贾菲菲爱抚地摸摸照照的小脑袋，说："这孩子挺聪明的，也许是见了生人的缘故吧。"

照照妈妈说："聪明什么呀，我看就是笨，为了培养孩子的良好品行，我没少给他立规矩。"说完，还把学习提纲拿来给贾菲菲看。

贾菲菲见上面一一罗列着：不能随地乱扔果皮，见到熟人要礼貌问好，接受他人礼物要说谢谢，热心帮助别人……

照照妈妈迫不及待地说："你看，多详细，我都快磨破嘴皮了，几乎天天说，可他就是学不会。"

贾菲菲建议道："孩子还是缺乏实践的机会，不管你给他定多少规矩也不能表现得体，你应该在平时的生活中让孩子多多练习。只有这样，他们才能熟能生巧，才会越来越熟练并逐渐养成习惯。"

接下来两个人交流起育儿经验来，经过一番交流，照照妈妈恍然大悟，说："今天从你这里取到了真经，看来是我过去太教条了，只关注规则的制定和理论的灌输，孩子缺乏实践的机会，达不到预期效果也就在所难免了。"

吕姐爱心课堂

在教育孩子方面，许多父母总是给孩子制定一系列规矩，并不厌其烦地让孩子去记住各种规则与做法，却很少给孩子提供实践的机会。结果孩子在实际操作过程中，显得笨手笨脚，令父母大失所望。即便有些孩子背会了某些规则，过一段时间也会忘掉，效果并不是很理想。

约翰·洛克总结道："为孩子定的规则越少越好，一些表面看起来必须要遵守的规则，并非真的不可或缺。过多的规则，会使孩子无法忍受，无所适从。应该多给孩子实践的机会，让他不断地练习，这远比让孩子去记忆有效果得多。"是的，多练习的好处是

让孩子掌握要领，熟能生巧，使好品行、好习惯在孩子身上扎下根来。

奉劝父母们，尽量不要让孩子去死记硬背规则，因为孩子根本不懂那些规则与教条的含义，由于心智发育尚不健全，他们很容易随学随忘。若想教给孩子去做某件事，或认为他做某件事的方式应当改进，最正确的做法就是让孩子反复地去做，一直做到熟练为止。这样培养的技能和品行，终生不会忘记。

洛克支招DIY

孩子仅凭规矩约束是不行的，还需要让他们去多实践。父母要给孩子创造练习的机会，只有这样，孩子的优良品性才能自然而然反映到日常的言行之中。

●**让孩子多多练习**。实践出真知，孩子应当在父母的指导下，对某种行为进行反复练习，如怎样礼貌地问好，如何接受他人的馈赠等。父母可以采取现场预演的形式，或是通过角色游戏来使孩子不断熟悉这些规则的操作程序。只有多练习，才能收到良好的教育效果。

●**要引导而不要强迫**。孩子小，难免有做不到位的时候。父母要耐心予以引导，不可疾言厉色地责备、逼迫孩子，将孩子一时的疏忽当作他有意的犯错。

●**根据孩子年龄和能力进行训练**。在对孩子进行教育引导时，最好经过试验看看孩子能做哪些事情，然后再根据他的能力进行有目的的训练。超过孩子现阶段能力的事情，最好不要让他们去做，因为孩子发育进程是有阶段性的。

●**给予讲解和示范**。教给孩子适合本年龄段的事情时，要详细地为孩子做示范或讲解，让他掌握基本要领，切不可不先教导就命令孩子去做。

●**在同一时期学的东西不要太多**。不要让孩子在同一时期学过多的东西，而是需要等到一件事情通过反复练习实践，孩子熟练掌握，扎根到他的意识中后，才可以去教他另一件事情。同一时期学的东西太多反而培养不出一种好习惯。

洛克小语 ♡

孩子并非用规矩约束就能教好的。如果一些东西是孩子必须要学会的，父母最好利用一切机会，让他们反复进行练习，使好习惯在孩子身上扎下根来。

良好品行，在家庭中孕育

　　家庭是一所道德的学校，父母是孩子的第一任道德老师。许多良好的品行，需要在家庭生活中为孩子灌输和引导。

🧒 故事的天空

　　5岁的聪聪是一个"小大人儿"，走到哪里都招人喜欢，别看年纪小，在与人交往上显得落落大方，很有分寸，热情、友好、礼貌，见过她的人打第一眼起，就喜欢上这个可爱的小姑娘了。

　　调教出如此品行优良的好孩子，有谁不羡慕呢？聪聪妈妈同样受到关注，人们见到她，就纷纷向她讨教亲子经验。

　　聪聪妈妈很愿意和大家分享，毫不保留自己的教子秘籍，她认为家庭不仅是孩子生活的场所，也是培养德行的学校。

　　在聪聪刚会说话时，妈妈就把礼貌文明用语作为语言教育的开端，将"您好""请""再见""谢谢"等灌输给孩子。不仅如此，她还亲身示范做给孩子看，让孩子在生活实践中去运用，直到养成了习惯。

　　在家庭生活中，聪聪父母十分注意自己的一言一行，举手投

足，尽量使之符合礼仪要求，目的就是让孩子在潜移默化中自觉接受绅士淑女气质的熏陶。吃饭时，聪聪总是让爷爷先吃，然后是父母，等大人都开始吃饭了，自己才拿起筷子或勺子。看到父母给爷爷夹菜，她也仿效着，如果爷爷谦让，她就会奶声奶气地说爷爷是长辈，小孩子应该孝顺。

父母除了在礼仪上对孩子进行教育和熏陶，在家务上也尽量安排聪聪去做力所能及的事情，使孩子明白，照顾他人和照顾自己都是应尽的责任，做家务是自己分内的事。

就这样，随着聪聪的一天天长大，她也积累了许多经验。在父母的影响下，聪聪成了一个行为端庄，善良、懂事的小姑娘，显得比同龄的孩子更可爱、聪明。

吕姐爱心课堂

家庭是孩子生活的摇篮，也是启蒙教育的开端。当孩子咿呀学语时，就应该把品德教育纳入教育的计划中来。约翰·洛克认为："儿童具有极强的可塑性，他们的心智易于引导。对孩子的品行教育应当趁早，从儿童时期抓起。"他同时强调，把绅士教育的重心，放到家庭教育中进行。

让孩子具备好品德是一件并不轻松的事情，远比让他懂得人情世故更难，是需要父母下一番功夫，花一番心思的。在充满民主、爱心和责任感家庭里生活的孩子，比较容易养成良好的作风习惯。因为，孩子的智力和心灵都得到了正确引导。

一个品德高尚的人，更容易取得其他方面的成就。因为一个有着良好德行的人，他对待其他事情都会从容有度、恰到好处，不会苛求。要想让孩子成为一个品学兼优的人，在幼年时代就应对孩子进行教育。儿童时期是道德形成的基础阶段，在这个阶段，孩子可以进行很多的道德学习，他们也能学会一些规则和限制。人之所以有好坏之分，就是因为存在着道德的差异，在这里面起决定作用的是教育。

孩子的生活是从家庭开始的，道德品行也大多是在家庭中铸就。如果把教育看作一条贯穿人生始终的长河，家庭教育就是这一长河的源头。家庭，是孩子学习、生活的重要场所。在家庭中，能根据孩子的智力发展特点实施个别教育，最能培养孩子的情感和德行。学校教育在孩子品行的塑造上，远不及家庭教育更具优势。不管教师如何尽心负责，在面对几十个孩子时，除了知识的传授，很难在其他方面一对一地对每个孩子给予过多的关照。而培养孩子形成各项品质和礼貌，是需要持续不断地指导才可以见到成效的，显然，这在群体式的教学模式中很难行得通。在德行的培养上，家庭是孩子的第一课堂，父母切莫忽略了教育子女的天职而影响孩子的一生。

洛克支招DIY

家庭教育是很重要的一环，通过家庭环境氛围及父母的言行举止，对孩子产生潜移默化的影响，能在无形中塑造孩子的人格品德与基本素质，这是任何学校及社会教育所无法代替的。

● 树立起榜样作用。对孩子进行道德教育，父母的一言一行都很重要，因为孩子模仿能力超强，父母是孩子模仿的对象。所以，父母一定要严格要求自己，为孩子做良好的表率，及时引导孩子品德规范的形成。如果不想让孩子学会某事，父母就一定不可在孩子面前做那件事。否则，你做出的榜样会被孩子视作护身符，一旦有了这个护身符，想再去更正孩子的毛病就困难了。

● 创设良好的环境。生活环境对孩子来说极其重要，文明、民主的家庭及周边环境是孩子优良品质形成的沃土，更能使孩子接受到正能量，让孩子的好品行得以健康发展。

● 及时给予引导。孩子天性天真烂漫，自然不会约束自己的行为。所以，父母要及时予以引导，使孩子知道哪些行为可行，哪些行为是需要被禁止的。次数多了，孩子自然知道如何主动规避或延续下去。

● 帮孩子养成习惯。良好的品德，主要是靠习惯养成的。父母要帮助孩子从小养成良好的行为习惯，使之内化为孩子的优良品行。

洛克小语 ♡

对孩子良好品行的培养，应主要在家庭中进行。在家庭中，能根据孩子的智力发展特点实施个别教育。而在学校教育中，教师要面对几十个孩子，除了知识的传授，很难在其他方面给予每个孩子过多的关照。良好品质和礼貌的培养，是需要持续不断地指导才可以见到成效的，显然，这在群体式的教学模式中很难行得通。

帮助和引导孩子慎重交友

父母要帮孩子选择真诚、善良的人做朋友，这样可以防止孩子受到不良的影响，使孩子的纯净心灵不受到"污染"。

故事的天空

楼下，5岁的涛涛和几个小伙伴一起做游戏，妈妈站在阳台上看了一会儿，见几个孩子关系很融洽，便坐下来看起手中的书。突然，从楼下传来几个孩子的争吵和哭叫声，心头一紧，急忙放下手中的书，起身探出头去看个究竟。

原来，几个孩子正你追我赶地玩闹着，在另一栋楼住的7岁的男孩矛矛突然插进来，要求大家和他一起玩老虎大王的游戏，他是老虎，所有的人都是小兔子，涛涛不愿意当小兔子，结果矛矛把他推倒在地上，厉声地说他是老虎，涛涛就要做小兔子，并且还口出脏言。

见几个孩子关系骤然紧张起来，涛涛妈妈赶紧下楼把儿子叫了回来，其他几个孩子也借机四散跑回了家，只剩下矛矛一个"孤家寡人"站在那里发愣。

涛涛妈妈对矛矛早有了解，他妈妈就不是一个省油的灯，邻里之间的关系相处得很不融洽，在单位也是处处树敌，结果把儿子调教成

倾情解读约翰·洛克卓越教育

了一个"小刺儿头"，与许多孩子都合不来。为此，她总是叮嘱儿子千万不要和矛矛来往。

涛涛觉得玩得不过瘾，妈妈便提议把教养很好的几个小伙伴请到家里来玩，涛涛高兴地跑去把好友红红、春春、烨烨逐一请到家里来。

几个孩子都很高兴又聚到一起，大家玩起了购物的游戏，每一个孩子都尽职尽责地扮演着自己的角色。涛涛妈妈看在眼里，笑在心头，孩子在相互谦让、礼貌相处中，其内在的良好品行自然得到了升华。

吕姐爱心课堂

孩子缺少玩伴是不行的，因为他们通过玩伴间的游戏来建立社交、相互分享和学习游戏技巧。但是，玩伴也需要用心选择。

约翰·洛克提醒道："应该尽量避免孩子去跟那种没教养的人接触，让孩子远离坏榜样。因为孩子见到在礼节和品行上的坏榜样会很容易受到可怕的传染。孩子常从这些人身上学会粗俗的言辞、诡计和恶习。在这种糟糕的成长环境中，孩子的品质发育最容易滑坡。"

之所以提出要对孩子的玩伴有所选择，是因为同伴的影响是很大的。孩子的天性都是爱模仿他人，如果玩伴选择不好，就有可能受到坏的影响。而和有教养的伙伴在一起玩，他发觉行为得体会得到别人的尊重和赞许，就会乐于依照好的榜样，让自己的举止品行变得优雅得体起来。

"孟母三迁而择邻"的目的就是要让孩子远离坏榜样，受到好榜样的熏陶。父母应该尽量避免孩子去跟那些没教养的同龄人接触，以免受到不良的影响。由于孩子还没有建立起是非观念的心理防线，这就需要父母来为他们选择玩伴把把关。

洛克支招DIY

帮助孩子选择一个品行端正的好玩伴、好朋友，他会从朋友身上汲取友爱的营养，信心十足地把持好自己今后的社交生活。所以，父母应积极主动、认真负责地帮助孩子从小学会结交朋友，建立友谊。

●帮助和引导孩子交朋友。孩子与人交往也是一门艺术，父母要教给孩子如何交友，告诉他们交友时应该注意些什么，引导孩子分辨哪种友谊要得，哪种友谊不值得提倡。如爱骂人、打架、有偷窃行为的孩子，就要敬而远之，善良、谦和大度的孩子可以进一步交往。孩子学会了明辨是非，能在接触中切身感到蛮横、粗俗的朋友不值得交往，便会主动不再与其来往了。

● **和有教养的孩子做朋友。**在为孩子选择玩伴时，一定要考虑其家庭环境是否健康、阳光、民主。凡是家教好的孩子，会很有教养，心地也会善良，懂得如何尊重他人，尊重对方的习惯、个性、爱好等。

● **与父母明理的孩子交往。**一般来说，父母的思想取向和行为习惯，对孩子会产生直接的影响。明理的家长，所教养的孩子也少有不良习气。与这样家庭出身的孩子一起玩，可以学到许多好的品行习惯，能够和谐相处。

● **志同道合更开心。**物以类聚，人以群分，孩子和志同道合的小朋友在一起玩耍、学习会更开心，并且能相互促进，共同进步。如给爱下棋的孩子找个喜欢下棋的小伙伴，他们就会有更多的话题；孩子喜欢运动，和爱运动的小朋友在一起玩耍也会更快乐。

● **欢迎孩子的朋友来家里做客。**父母可以经常邀请孩子的小伙伴来家里玩，这不仅可以赢得孩子们的信任，还可以从正面和侧面了解这些孩子的长处或短处，指导他们如何健康地玩耍，健康地交朋友。

洛克小语 ♥

对孩子来说，同伴的影响是很大的。孩子如果和有教养的伙伴在一起玩，发觉行为得体会得到别人的尊重和赞许，他们就会乐于依照好的榜样，让自己的举止品行变得优雅得体起来。而如果经常跟那些没教养的同龄人接触，孩子见到在礼节和品行上的坏榜样会很容易受到可怕的传染。

绅士淑女的必备美德

　　德行是教育上最不易达到却又是最具价值的核心目标，是一个人的内在品德。任何目标和追求在德行面前都应该退后一步。唯有德行才是真实的善，为此，应该通过教育上的所有方法，把德行当成一种心灵的营养，确确实实地供应到孩子的心田里，并持之以恒地栽培浇灌，直到孩子真正喜欢上它，把他们的力量、快乐和荣誉都建立在德行的基础上。

——约翰·洛克

🕐 阅读时间：<u>30</u>分钟　　　　🎓 受益指数：★★★★★

勇敢坚忍，彰显绅士风范

　　对于孩子来说，勇敢是从小就应该学习的一种品质。一个刚毅、果断、有勇气的人，才能在未来的生活中取得更大的成功。

故事的天空

　　6岁的勃勃领着几个小伙伴在山坡下玩耍，一同出来春游的妈妈们则坐在不远处的小溪边聊家常。

　　淘气的黑黑攀着断崖处裸露的树根向上爬去，艳艳、华华、冬冬都仰着脸羡慕地看着黑黑勇敢的举动。突然，黑黑的左脚把一块拳头大的碎石块蹬掉了，吓得站在下边的几个孩子呆立在那里。正在寻找蚂蚁洞的勃勃听到惊呼声，看到这惊险的一幕，立即跳过去把几个小伙伴推到了一边，滚落下来的石块砸到勃勃的手背上，立刻红肿起来。

　　胆小的华华看到后，吓得哭了起来，勃勃却咬着牙，甩着手安慰华华："没事儿，一点也不疼。"

　　妈妈们闻声赶了过来，黑黑妈妈边把勃勃的手抓在手里查看伤情，边批评儿子淘气。

勃勃妈妈镇定地说："没事的，小孩子哪有不磕磕碰碰的，受点小伤不算什么。"

勃勃举起自己红肿的手说："不疼，一点也不疼。"说完还蹦蹦跳跳着，证明自己没把这点小伤当成一回事儿。

孩子们跑到小溪边玩耍去了，妈妈们的话题自然转到刚才这一幕上。

华华妈妈觉得勃勃就是筋骨结实，受了伤也不影响玩耍。冬冬妈妈夸勃勃懂事，知道保护自己的小伙伴。

勃勃妈妈说："受点小挫折也是一种锻炼，一是增加了历练，二是让孩子更加果敢坚忍。"

大家都觉得勃勃妈妈的话有道理，她们就缺乏这种认识，总是溺爱孩子，对孩子过度保护，这样对孩子的成长是很不利的。

吕姐爱心课堂

近年来，娇生惯养的孩子逐渐多了起来。尽管生活富裕了，可是孩子却变得怯懦、胆小、吃不得苦了。约翰·洛克认为："勇敢和坚忍是绅士必备的美德，是一个真正有价值的人的品性。"

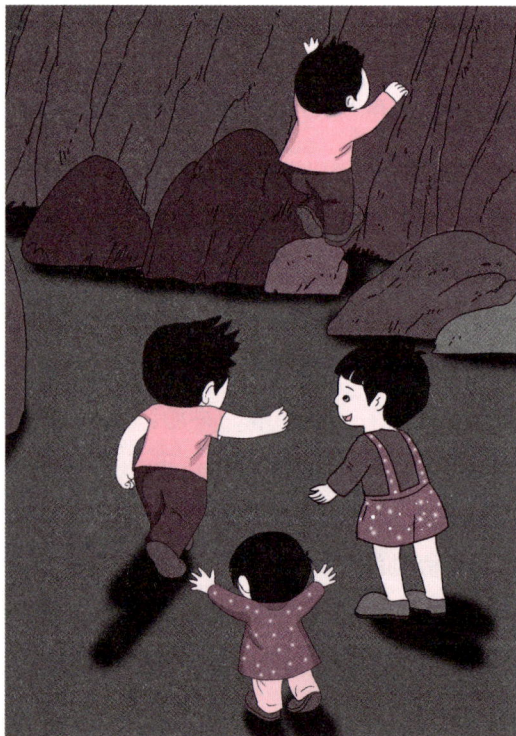

在孩子的成长过程中，总会遇到许多这样或那样的麻烦，在面对困境时，胆小懦弱的孩子缺乏坚强的意志去战胜这些困难和挫折；而坚强勇敢的孩子则能够做到持之以恒，凭借自己的意志，克服一切困难和挫折，从而取得最后的成功。

如今的孩子集几代人的宠爱于一身，受到过度的呵护。父母这也不让动，那也不许摸，在生活上更是事无巨细地包办代替，不给孩子锻炼自身的机会，很少让他们去经历风雨。在如此教养方式下，易使孩子意志薄弱，缺乏勇气，遇到点困难和挫折就不知所措，总是选择躲避。如果一个人不能直面困难并勇敢去战胜，总是软弱地依靠别人的同情和怜悯生活，他将永远沉浸在软弱无助和消极绝望的泥沼中，那将是非常悲惨的人生。

勇气是需要训练和培养的，为了使孩子拥有绅士淑女的果敢品质，父母有必要从小锻炼孩子的胆量，使之能够忍受痛苦，克服怯懦、脆弱的本性，做到刚毅、果断、勇敢。如当孩子摔倒了，父母不要急忙出手相助，或给予过度的安慰，不妨鼓励孩子："真勇敢，你能行！"这会令孩子鼓足勇气，自己爬起来，并学会勇敢地去做一切他想做的事。

当然，在培养孩子勇敢坚忍品质的同时，也要引导孩子认识到勇敢与鲁莽、蛮干不同，勇敢是理性的大智大勇，而鲁莽、蛮干则是本能冲动的产物。同时，也要让孩子明白，勇敢不代表无情，决不能使孩子成为一个缺乏怜悯与同情心的木头人。

由于孩子年纪小，独立活动能力不够强，又缺乏经验，父母还要放手不放眼，给予必要的保护和指导，逐步锻炼孩子的勇敢品质。只要坚持下去，相信孩子一定能将翅膀历练得更加丰满有力，为日后在人生道路上奋勇搏击打下良好的基础。

洛克支招DIY

勇敢坚忍，是每一个成功人士必不可少的优秀品格。为了使孩子具有遇事镇静、勇敢的绅士淑女气质，父母要大胆放手，并让孩子经受各种锻炼，通过实际训练使其形成勇往直前、不畏艰险的勇敢性格。

● **让孩子自己动手。**为了培养孩子的坚忍品格，最好让孩子自己动手做力所能及的事情，那些生活善于自理的孩子，在面对挫折和困难时，会凭借自己的能力去处理问题，不会感到无所适从。

● **帮孩子养成遇事冷静的好习惯。**当孩子遇到困难时，要告诉孩子沉着冷静，不惊慌、不哭泣。大胆地动手动脑、勤于思考，找出解决问题的方法，使自己走出困境，战胜困难。

● **让孩子多长见识。**孩子遇事惊慌失措，与经验有关。父母应多带孩子出门长点见识，一个见多识广的人，在面对困境时，往往更具有智慧与勇气。

● **增加孩子的自信心。**孩子胆小懦弱，缘于缺乏信心。自信心是勇敢战胜一切困难的动力，所以，应多给孩子以肯定和鼓励，培养其自信心。只有这样，在困境和挫折面前，他们才能充满自信地勇敢面对。

●**给孩子勇敢的暗示**。在生活中遇到孩子摔伤、擦伤、打针等情况时，父母不要表现得过于紧张。虽然非常心疼，但还是要表现得很镇定，对孩子说："是有点疼，但一点小伤，没问题。"这会给孩子良好的暗示，使他学会怎样坦然地勇敢面对。如果父母一惊一乍的，反而会使孩子吓得大哭起来。

●**不要吓唬孩子**。初生牛犊不怕虎，之所以有些孩子后来变得胆小，与父母的教养方式有关。有的父母为了让孩子听话，就编造一些可怕的事情来吓唬孩子，如讲一些鬼怪故事，或恐吓孩子"快睡觉，老虎要来吃小孩了"等，这种人为制造的精神紧张，容易使孩子变得胆小怯懦。

●**做孩子勇敢的榜样**。父母要以身作则，不要遇事就在孩子面前流露出胆小怕事的情绪，在孩子心目中树立起勇敢的榜样。如果父母是一个意志坚强，做事不怕困难，勇敢面对挫折的人，孩子自然也会耳濡目染，变得果敢坚忍起来。

●**为孩子创设练胆的环境**。可通过给孩子创设一些挑战机会，来训练孩子的勇敢品质。如让他独自到较黑的房间里取东西，鼓励孩子自己翻越障碍物等。

洛克小语 ♡

　　勇敢和坚忍是绅士与淑女必备的品质。父母有必要从小锻炼孩子的胆量，使之能够忍受痛苦，克服怯懦、脆弱的本性，做到刚毅、果断、勇敢。

倾情解读约翰·洛克卓越教育

善良仁爱，一切美德的基石

善良是人生的主轴，是做人的根基。一个人缺乏善良品质，则是个道德上有缺陷的人，最终很难有所作为。父母应从小重视对孩子爱心和善心的培养，把善良仁爱的根植入孩子的内心，这样孩子长大后才能成为一个对社会有用、品德高尚的人。

故事的天空

假日的公园里，游人如织，这里是孩子们的快乐天地。他们开心地嬉戏追逐，追蜂扑蝶。4岁的倩倩牵着妈妈的衣角向假山走去，她喜欢假山旁水池里的红色小金鱼，每次来公园，总是在第一时间去看她的金鱼朋友们。

一个大约2岁的小男孩站在金鱼池旁边哭着找妈妈，小家伙边抹着眼泪，边可怜巴巴地四处搜寻着妈妈的身影。看样子好像摔倒过，身上沾了许多泥土，小手也脏乎乎的。

倩倩使劲儿地拉着妈妈的衣角，扬起小脸同情地

说："妈妈，看小弟弟多可怜呀！"

妈妈蹲下身来启发地问道："那怎么办呀？"

倩倩坚定地说："帮小弟弟找妈妈去！"

妈妈赞许地用手拍拍女儿的小肩膀，向前推推说："去吧！"

倩倩跑到正伤心哭泣的小弟弟身边，拉着他的小手，小大人似地哄道："不哭不哭，妈妈就快来了哦！"

也许都是小孩子吧，小男孩很信任地点点头，果然不哭了。

倩倩赶紧把由妈妈保管的水瓶拿过来，拧开瓶盖请小弟弟喝水。小家伙不客气地咕嘟咕嘟地喝了几大口之后，咧开小嘴笑了。

倩倩趁机帮小弟弟拍打掉身上的泥土，拉着他的小手说："在水池里洗洗吧。"

小家伙欣然地伸出两只小手在水池里拍打水面，调皮地玩起了水。

倩倩认真地纠正道："不是这样洗手的。"说完抓起他的小手很认真地洗了起来。

过往的游人看到这一幕，都认为是姐弟俩在一起玩水，只有倩倩妈妈清楚来龙去脉。她边站在一旁看着女儿，边不时四处观察着，期盼在人来人往中发现一张焦急的脸。

🙂 吕姐爱心课堂

人的天性是善良的，孩子的心地更是纯净如水。如果父母引导教育及时得当，就能使孩子永葆一颗纯洁善良的仁爱之心。若是在成长过程中，得不到父母的及时呵护，甚至受到一些不良的教育或引导，孩子则易失去善良仁爱的本性，从而变得自私、冷漠、残暴。

约翰·洛克对孩子善良品行的培养最为重视，他说："孩子小的时候只要本性纯良，即便举止上出现一些不足，家长也没有必要过多操心。只要孩子懂得孝敬父母、尊敬师长，对身边其他人也都懂得敬重，抱以善意，他自然就会遵循最受欢迎的方式进行表现，让他人体会到自己的善意。"同时也提醒天下父母："我们要让孩子成为一个善良的人，尽早教他爱别人，善待他人。世界上的一切不公平，通常都是因为我们太爱自己，太不知道爱别人的缘故。"

善良是一种美德，让人觉得纯真温暖、没有恶意，让人情不自禁地去靠近和接触。善良，并不等于懦怯软弱。父母不要给孩子灌输"人善有人欺"的观念，教唆孩子用拳头去维护自己的尊严或利益，而是要让孩子明白，善良是做人的基本准则，一个善良的人必须有能力去爱别人，有能力去看见他人的处境，有能力去规范自己的行为，并且有能力去克制自己不伤害别人。

拥有一颗仁爱善良之心，对孩子的成长发展具有不可忽视的积极影响。如今许多父母对孩子的智力发展和身体健康十分重视，却很少考虑如何教孩子学会关心帮助别人，忽视了孩子的爱心和善良教育。若想使自己的孩子长大后能成为一个对社会有用、品德高尚的人，必须重视从小培养他们"善良"的品性。孩子缺失了善良的品性，其智力和技能越高，可能对社会的危害也就越大。

培养孩子从小向善，具有爱心，是培养孩子其他良好情操的基础。父母应该尽心让孩子具有一种温厚善良的品德，并将这种温厚待人的品格培养成习惯。一旦这种品格在孩子身上巩固下来，孩子文雅的谈吐、得体的举止到时自然就会到来。

洛克支招DIY

爱心、善心是美丽的心灵之花。培养孩子善良仁爱的品德，是培养其他一切美德的沃土。若想孩子成为一个充满善意和爱心的绅士淑女，一定要从小重视对他们善良品性的培养。

●**做好孩子的榜样**。孩子对父母的一言一行都在刻意模仿，所以，父母首先要做一个富有爱心、善良的人，在生活中对孩子、对家人关爱体贴，孝敬老人，热心帮助他人等，为孩子做出榜样，潜移默化地去影响孩子。

●**让孩子有奉献爱心的机会**。爱心只有持之以恒地坚持，才能使爱的种子在孩子心中生根发芽。所以，父母平时要多为孩子提供奉献爱心的机会，如让他为爸爸拿拖鞋，给妈妈倒茶，或是带孩子一起到孤儿院和养老院帮忙，为灾害捐款等。只有这样他们才能更理解爱心，感受到帮助他人的幸福。

●**保护好孩子的爱心**。对孩子表现出来的爱心和善举要及时予以鼓励，使孩子献爱心的热情更加积极高涨。只有这样，他们才能注入激情，爱心不断，并逐渐使之常态化。

●**对孩子进行善良教育**。通过身边的实例，对孩子进行善良教育。父母可以在某些特定的场合，见机行事地告诉孩子，让他知道所有的人都非常喜欢善良的人。向他简单介绍一些友好待人和表达善意的方法，并让他懂得，帮助别人也会给自己带来莫大的快乐。

●**在饲养小动物中学会关爱他人。**孩子对小动物有天生的亲近感，不妨为孩子领养一只小动物，让他在亲自照料小动物的过程中，学会体贴入微地亲近生命。

洛克小语 ♡

> 孩子小的时候只要本性纯良，即便举止上出现一些不足，家长也没有必要过多操心。父母应该尽心让孩子具有一种温厚善良的品德，并将这种温厚待人的品格培养成习惯。一旦这种品格在孩子身上巩固下来，孩子文雅的谈吐、得体的举止到时自然就会到来。

爸 妈 私 房 话

倾情解读约翰·洛克卓越教育

诚实无欺，赢得人心的法宝

　　诚实是做人的根本，是一个绅士或淑女不可或缺的优秀品质。一个爱说谎的人，是不会获得大家的认可和尊敬的，更不会有人愿意与其合作。对孩子诚实品质的培养，怎么强调也不过分，它直接影响到孩子的未来和前途。

故事的天空

　　5岁的小玉洁从幼儿园一回来，同正在做晚饭的妈妈打了声招呼，就拉起帮妈妈做饭的奶奶的手，使劲地把奶奶拽往自己的小房间。

　　奶奶边笑着边说："这孩子，还挺有劲儿的，奶奶都争不过你了。"

　　祖孙俩一进入房间，小玉洁就赶紧关上房门，神秘兮兮地把自己的嘴凑到奶奶耳边，哈着热气悄悄地说："奶奶，给我5块钱吧。"

　　奶奶大声地问道："要钱做什么啊？"

　　小玉洁赶紧做出噤声的手势，小声地说："班里要献爱心。"

　　奶奶笑着点点头，夸道："宝贝孙女懂事了，行，奶奶就给你5块钱。"

　　小玉洁接过钱贴身放好，悄声地叮嘱奶奶："不要对我爸妈说哦！"

　　奶奶不以为然地说：

"好事情嘛。"

小玉洁搂着奶奶的脖子，嗲声嗲气地撒着娇："不说，不说，不说嘛。"

奶奶只好投降："好，好，咱就不说！"

小玉洁放开手，和奶奶拉钩后，才欢天喜地地跑到客厅里玩耍起来。

第二天早上小玉洁被爸爸送去幼儿园，奶奶有些疑惑地对小玉洁的妈妈提起昨晚要钱捐款的事情，妈妈觉得很蹊跷，立即给幼儿园的李老师打电话核实，李老师说没有安排孩子献爱心活动。放下电话，妈妈很生气，她没有想到，向来乖巧的女儿竟然撒谎，决定回来好好探问一番。

吕姐爱心课堂

在现实生活中，许多父母对孩子爱撒谎感到很无奈，担心孩子以后变成一个不诚实的人。约翰·洛克对孩子诚实品行的培养也极为重视，他说："说谎是一种极其恶劣的品性，是无数邪恶的源头或保护伞，是一种和绅士或淑女的名誉与品行绝对不能相容的恶行。父母一定要趁早教孩子诚实无欺，让他们说话真实不虚。"

教育孩子做一个诚实的人，远比把孩子教育成一个有"能力"的人更重要。诚实，是做人的基础。为人诚实，会使孩子在今后的人际交往中受到他人的欢迎、尊重和信任。所以，在家庭教育中，对孩子诚实品质的培养是重中之重。

诚实品质的养成，可以使孩子抵御不良品质的侵袭，使他们不会弄虚作假，或当面一套背后一套，更不会去挑拨是非。要想让孩子说话真实不虚，就必须让他明白，有错误可以原谅，但是，用谎言遮掩过错、歪曲事实是不能获得谅解的。

孩子之所以会说谎，是因为孩子开始有了羞耻心，不愿自己的过错被他人看清楚，因此孩子会到处找借口。此时，父母要及时对孩子进行正确的引导，教育孩子做一个诚实的人。具有诚实的品质往往能使孩子结交更多的朋友，得到更多的帮助，受到更多的关怀，这对孩子的身心健康发展无疑有重要作用。

如果发现孩子不诚实，父母没必要惊慌，也不要斥责孩子，先弄清孩子不诚实行为的原因，要有所区别来对待。不同目的的谎言，教育的方式也应有所不同。有一点必须注意，那就是不要认为孩子小，撒谎没什么大不了的。要知道，一旦孩子把撒谎变成了习惯，就有可能成为其日后不良行为的根源。

洛克支招DIY

要想孩子成为一个诚实无欺的人，就要从小对他们进行正确的教育和引导，在生活中防微杜渐，以使孩子养成诚实守信的好品德。

●**鼓励孩子讲真话。**说真话，是诚实的表现，要及时予以表扬。孩子说谎大多是怕受到惩罚，当孩子闯了祸主动讲出真话时，父母应对这种诚实的行为给予鼓励和表扬，然后再帮他分析问题所在，批评错误，引导孩子及时改正错误。

●**过分指责和惩罚要不得。**发现孩子说谎时，不可大声斥责或大打出手，让孩子受到惊吓或是感到害怕。如果一味地斥责、批评孩子，会让孩子失去自尊心，下次就不会讲真话了。

●**对有目的的说谎不姑息。**对于孩子有目的说谎，一定要及时、明确地指出孩子撒谎行为的错误所在，并告诉孩子应该怎样去做。如有的孩子为了不上幼儿园说"肚子疼"，或像上文中的小玉洁，为了要钱说是捐款献爱心。这种孩子有目的的撒谎，如果父母不及时制止，就会强化孩子的撒谎行为。

●**榜样的力量。**孩子的模仿能力强，辨别是非能力差，如果父母有撒谎的行为，孩子也会效仿。所以，父母一定要以身作则，时刻注意自己的言行。不说空话、假话、大话，对孩子言而有信，说到做到，起到良好的表率作用。

●**良好的家庭氛围。**生活在一个宽松、愉快、民主、和谐的家庭氛围中的孩子，一般都不会出现撒谎行为。因为，家庭成员相互保持诚实真挚的态度，可使孩子感到大人的爱护和关心，所以能够信赖大人，有了过失敢于承认。

●**培养孩子诚实从点滴做起。**培养孩子诚实的品质不是一蹴而就的，需要父母拿出足够的耐心，把诚实教育渗透于日常生活的琐碎点滴中，贯穿到家庭生活和亲子成长的全过程中去。

洛克小语 ♡

说谎是一种极其恶劣的品性，是无数邪恶的源头或保护伞。对孩子诚实无欺的教育应趁早，从小要让孩子明白，说谎是一种和绅士淑女的名誉与品行绝对不能相容的恶行。人有了一些过错还可以获得原谅，而用谎言遮掩过错、歪曲事实是不能获得谅解的。

戒骄戒躁，才能虚怀若谷

　　拥有谦逊的美德，对于孩子各项能力的发展都有正面帮助，但是想教导出谦虚、不骄傲的好孩子，父母本身的心理调适与教养方式，扮演着举足轻重的角色。

故事的天空

　　6岁的豪豪总是有一种自豪感，觉得自己的成绩比别人高出一大截，对分数低的同学根本不屑一顾，流露出高高在上的神态。

　　一天，老师在课堂上调换座位，决定安排萌萌坐在他身边。老师特别强调，同桌之间要互相帮助。

　　萌萌在原座位上站起来说："老师，我不和豪豪坐在一起。"

　　老师不解地问："为什么？"

　　萌萌说："他总是看不起我，说我成绩太丢人。"

　　老师和蔼地说："你就坐在他旁边吧，豪豪同学会帮助你共同进步的。"

　　豪豪没有表态，心里却在想：哼！我就是不帮助她。

　　回到家后，豪豪对妈妈讲起了学校里的这一幕，得意扬扬地说："她的成绩比不上我，根本不配做我的同桌。"

　　妈妈听后严肃地批评道："你这样做就不

对了，同学之间应该相互帮助，共同进步。"

豪豪不以为然地说："他们就是笨嘛！"

妈妈想了想说："你哪方面都很优秀吗？"

豪豪得意地点着头："那当然。"

妈妈说："萌萌歌唱得比你好，静静的美术作品还获过市里的三等奖呢，还有航航的国际象棋下得也很不错，人家都没有骄傲，看把你美的，小尾巴都快翘上天了。"

豪豪嘟哝着："那他们的学习成绩不如我好。"

妈妈语重心长地给骄傲的儿子上起了"政治课"，通过打比方、讲实例，让他认识到了自己的不足，主动承认自己有了骄傲自满的情绪。

🙂 吕姐爱心课堂

谦虚，不仅是良好的学习态度，更是做人和社会交往必须具备的美德。谦虚的人往往更能得到别人的尊敬和赞扬，骄傲狂妄、目空一切的人，则会遭人厌恶。对于孩子流露出的骄傲自满倾向，不要以为孩子小、思维单纯，而对其疏于引导和教诲。一定要从孩子小的时候就对他进行教育，要在生活中处处示范，引导孩子养成谦逊的好品质。

约翰·洛克对父母，同时也是对孩子提出劝告，他说："我们不应当把自己想得太优秀，因而过高地估计自己的价值，不应当因为自己具备一些他人缺乏的优点就自以为是。我们只能守住本分，谦虚地接受他人对我们的评价，而不要急于去表现。"由于孩子思维简单，并不知道什么是谦虚，所表现出来的骄傲言辞或行为从不加掩饰。这正说明，父母对孩子的教育和引导是十分必要的。

"谦受益，满招损。"谦逊是一种美德，是孩子进取和成功的必要前提。只有虚心向人请教，肯接受他人的指导和批评，才能包容万物，使自己日益充实和丰富。当孩子表现出自以为是，沾沾自喜时，要让孩子知道，骄傲自满是一个可怕的陷阱，会使自己迷失，会使他人远离。父母要培养孩子从小养成谦虚的好品质，戒骄戒躁，在谦虚中不断学习知识，不断取得进步。

🙂 洛克支招DIY

拥有谦逊的美德，无论在学习还是生活上，都会让孩子受益匪浅。要想使自己的孩子成为受人欢迎的"谦谦君子"，就要从现在开始，引导孩子学会如何谦虚，帮助孩子全面认识自己。

●让孩子认识到骄傲的危害。告诉孩子，一个骄傲的人，交不到知心朋友，没有人愿意与其相处。可以通过讲故事，或以现实生活中的实例说明，让孩子充分认识到骄傲的危害。

●引导孩子学会客观看待自己。每一个人都有长处和短处，教育孩子不要拿自己的长处去与别人的短处相比，更不要觉得自己什么都行。耐心地教导孩子，让孩子学会正确地评价自己，既要认识到自己的优点，又要看到自己的不足。同时还要规范孩子的行为，督促他们改变自负情绪。

●过度表扬孩子不可取。表扬鼓励对孩子固然能起到良好的激励和促进作用，但表扬也要适度。过多的表扬，很容易使孩子滋生骄傲自满情绪。

●为孩子做出谦谦君子的表率。父母在孩子面前要表现出谦虚友善的一面，尽量避免骄傲自满情绪的产生，通过潜移默化来影响孩子。

洛克小语 ♡

　　父母应当教育孩子不要把自己想得太优秀，因而过高地估计自己的价值，不应当因为自己具备一些他人缺乏的优点就自以为是。我们只能守住本分，谦虚地接受他人对我们的评价，而不要急于去表现。

勤恳耐劳，从身边小事做起

勤恳是一个人最重要的品德之一。从小对孩子进行勤恳品德的培养，是父母义不容辞的责任。

故事的天空

窗外的阳光照在6岁虎虎的脸上，早就醒了的小家伙赖在床上就是不肯起床。强烈的阳光不客气地刺激着他的双眼，他翻身换一个方向，准备继续躺下去。

妈妈正在他的小房间整理家务，发现他醒了，赶紧催促他起床去洗脸吃早饭。

虎虎不情愿地爬起来，要求妈妈拿袜子，递衣服。

妈妈边为儿子服务，边唠叨着："你是大孩子了，还这么懒散，这不是好习惯。一个人要勤勤恳恳才能做好事情，抓住机遇。"

虎虎不听妈妈的这一套，依旧我行我素，趿拉着拖鞋到卫生间洗脸去了。

前来做客的小姨很看不惯虎虎懒散的样子，接下姐姐的话头批评着小外甥，并开始训练他去学做家务。

小家伙还算给小姨面子，端饭端菜，吃完饭又被小姨催促着去洗碗。

事后，小姨评价道："这不是做得挺好的吗？贵

在坚持。"

虎虎妈妈说："他是三分钟热度，没有长性。"

妹妹批评姐姐："还不都是你惯出来的，今后要给孩子做事情的机会，使他养成勤恳的好习惯。"

虎虎妈妈打量着胖嘟嘟的儿子，脸上写满疑虑，担心儿子不能坚持下去。不过，为了孩子的未来，还是应该去下一番功夫，彻底改变儿子懒散的毛病。

吕姐爱心课堂

约翰·洛克说："勤恳是一个人非常重要的德行之一，也是幸福的源泉；而懒散则是万恶之源。孩子的精力不用到有益的方向上，就会形成一种破坏性。"勤恳，是人生存的手段，一个好吃懒做的人，生存环境也不会好到哪里去，更不要说养成绅士或淑女的风度了。

孩子的未来是掌握在他们自己手里的，但是父母要为孩子打下良好的基础才行。而勤恳是孩子必须从小要养成的一种好习惯。一个从小就爱劳动、好学深思、勤勤恳恳的孩子，将来一定会成为幸福的人。

养成勤恳的好习惯并不难，之所以如今许多孩子越来越懒惰，是因为父母为他们营造的生活氛围过于"奢侈"。现在的孩子可以说是生活在蜜罐里，生活富足，无忧无虑，过着衣来伸手，饭来张口的皇帝般的生活，怎么可能知道稼穑的艰辛呢？

勤恳耐劳，是中华民族引以为豪的优良品德，是生生不息的根本动力源。它不但能使身体强健，而且还可以培养一个人健全的品质。勤恳耐劳的孩子经受过锻炼，会变得坚忍，不会轻易认输，更有不达目的不罢休的气势。而缺乏勤恳品质的孩子，多数表现得畏缩、自卑，经受不住一点风霜雨雪的考验。这样的孩子长大成人后，是难以担当起重任的。

洛克支招DIY

勤恳是孩子们最需要培养的品质之一，这种好品质必须从孩子小的时候就开始养成。父母不要因为心疼孩子，什么也不安排他去做，结果使孩子变得懒惰、无知。

● 多给孩子劳动的机会。孩子都喜欢做事情，当他们看到父母做事情时，也喜欢掺和进来，就是爱劳动的苗头。要及时抓住这个机会，让孩子做些力所能及的事情，并给予及时的正确指导，孩子就会爱上劳动，而养成勤劳的好习惯。

●父母做出表率。要想孩子勤恳耐劳，父母就要做在前边，给孩子做出好榜样。孩子生活在这样一个工作学习勤奋、做事吃苦耐劳的家庭环境中，自然会潜移默化受到"感染"。

●引导孩子从身边的点滴小事做起。要培养孩子勤恳耐劳的品质，不能只讲道理，还要引导鼓励孩子亲自去做事情。可以从小事做起，从一点一滴做起。如自己整理玩具，自己洗衣服，自己收拾房间，参与父母的家务劳动等。

●合理地运用表扬和鼓励。为了帮助孩子养成做事勤恳的好习惯，可以采取一些小手段来促进调动他的劳动、学习热情。如可以先同孩子订立劳动协议，完成一项劳动任务得1~3分，积分满15分，去逛动物园一次等。

●带孩子积极参加公益劳动。公益劳动是一种知和行统一的实践活动，能体现一个人的爱心和社会良知。所以，父母应多带孩子参加公益劳动，如清扫楼道、义务扫雪、为残疾人服务、到敬老院打扫卫生、义务植树等。这会使孩子体验到公益劳动的快乐，提高孩子的社会责任感，养成勤恳做事的好习惯。

洛克小语 ♡

勤恳是一个人非常重要的德行之一，也是幸福的源泉；而懒散则是万恶之源。一个从小就爱劳动、好学深思、勤勤恳恳的孩子，将来一定会成为幸福的人。

谦和礼让，积累绅士淑女风度

谦让表现出来的是胸怀的宽广，是对他人的尊重。谦让美就美在克己让人。如果人人都懂得谦和礼让，就会减少摩擦，达到社会和谐。

故事的天空

在同学聚会上，大多数人都把自己的孩子带到了酒店，其目的是想把上一辈的友谊延续到下一代身上。

6岁的潇潇听到有许多小朋友都来参加，还有许多好吃好喝的，积极性很高，早就盼着这一天到来。

多年老同学相聚，有太多的话题要谈，小孩子们个个都是自来熟，也很快打成一片，在房间里跑来跑去疯玩着。

聚餐开始了，大家都选定了座位，潇潇把和自己玩得来的依依、晓鹏拉在身边，边叽叽喳喳热聊着游戏，边等待开餐。潇潇妈妈看在眼里，暗自高兴，觉得儿子真的长大了，在公众场合表现得还算得体，没有给她"惹是生非"。

当昔日的老班长慷慨激昂地宣讲完祝酒词后，大家推杯换盏地吃喝起来。

潇潇逐渐显露出往日的"真面目"，在拿起筷子的那一刻，就毫不客气地挑选自己爱吃的菜大吃特

吃起来，丝毫不管不顾别人，甚至把喜欢的菜肴端到自己跟前。而坐在他身边的5岁的依依却如同小姐姐般，谦让照顾着有些腼腆的晓鹏。

看到潇潇的不雅行为，妈妈心里很着急。好在大家都在叙旧，没有谁太在意孩子们的表现。

潇潇见自己杯子里的果汁没有了，发现对面璐璐那里还有大半瓶，便跑过去伸手抓起。璐璐不干了，两个孩子发生了抢夺。没等大人们反应过来，依依赶紧过去进行调解，璐璐保住了半瓶果汁，潇潇得到满满一大杯。

事情虽小，潇潇妈妈却羞愧得无地自容，好心情荡然无存，暗自盘算着回去如何同不争气的儿子"算账"。

吕姐爱心课堂

孩子们在一起经常会发生一些争执或抢夺，这是因为孩子年纪小，还不懂得如何谦让。这就需要父母予以及时的引导。

对于孩子们在一起总喜欢争个我高你低，爱用自己的意志去控制其他同伴，约翰·洛克提出建议："父母要教孩子学会谦让，对其他同伴应有礼貌而亲切，并且要让他知道，只有谦让这种美德才能让他得到别人的重视、尊敬和爱戴，而其地位却不会受到什么损失。"

"融四岁，能让梨"，谦和礼让历来是我国的传统美德。教孩子学会谦让，让孩子懂得对他人宽容和尊重，能培养孩子豁达的胸怀和善良的品格。如果一个孩子不懂得谦让、友爱、协作等这些传统美德，待他长大成人后，就很难融入到社会交往当中去，人生之路自然也会有更多的艰难与挫折。

谦让是一种风度和境界，是设身处地为别人着想的表现。人与人之间只有相互谦让友爱，才能避免纠纷，得到快乐。然而，如今的孩子从小受到亲人无微不至的呵护，甚至娇惯、溺爱，他们身上常常会表现出斤斤计较、受不得一点委屈、得理不饶人等毛病，这正是因为缺少了谦让的良好美德。对孩子来说，学会谦让是将来适应社会竞争的必备条件。

俗话说"与人方便，与己方便"，如果人人都能谦让，那人人都能受益。由于孩子尚小，出现不懂得谦让的现象是很正常的，但是父母如果不及时予以引导，任凭其自然发展下去，就会使孩子形成习惯，养成以自我为中心、自私自利等不良性格和习惯。所以，应给孩子营造一个良好的生活环境，耐心细致地对孩子加以培养和引导，以使他们逐渐养成谦和礼让的好品质。

洛克支招DIY

一个善于谦让的人，会受到同伴的欢迎和接纳，获得更多的交往机会，也更具有竞争力。因此，父母要在生活中培养孩子学会谦让的品格，让他们真正做到"心中有他人"。

● **淡化并消除孩子"自我为中心"的心理。** 尽量不要给孩子养成以自我为中心的习惯，日常生活中，应让孩子意识到好东西是要大家共同分享的，不要给孩子开小灶，设特需特供。在孩子满足自己需要的同时，要让孩子意识到其他人的存在，学会分享。

● **鼓励孩子学会谦让。** 当孩子有谦让行为时，一定及时给予鼓励。如孩子把喜欢的玩具让给小弟弟、小妹妹，或在滑滑梯时让其他小朋友先玩等，父母一定要夸奖和鼓励孩子，比如"宝贝真懂事，学会照顾别人了"等，来激励孩子继续做下去。

● **多给孩子创造谦让的机会。** 培养孩子的谦让行为，主要应在日常生活中，为此应为孩子创造机会，让孩子通过实际行动，来感受谦让带来的快乐。如家里有小朋友来玩时，提醒孩子把自己的玩具分给小朋友玩，公交车上别人给孩子让座时，让孩子观察一下，车上还有没有比他更需要座位的人等。

● **注重言传身教。** 模仿是孩子的天性，父母要通过言行来影响孩子。如带孩子坐公共汽车时，父母主动给老人或孕妇起身让座；邻里之间交往，不斤斤计较；路人之间遇到矛盾，即使有理，也能让三分。在这样谦和大度的环境中成长，孩子自然就会培养起谦让的良好德行。

洛克小语 ♥

孩子们在一起总喜欢争个我高你低，爱用自己的意志去控制其他同伴。父母要及时对孩子进行教育和引导，教他学会谦让。要让孩子知道，只有谦让这种美德才能让他得到别人的重视、尊敬和爱戴，而其地位却不会受到什么损失。

养成良好的生活态度，走出攀比误区

　　过度的攀比虚荣，是孩子健康成长的绊脚石，会给孩子身心健康带来消极负面的影响。在教育孩子的过程中，父母不要对孩子过分溺爱、百依百顺，尽量避免把孩子带入攀比虚荣的误区。

👧 故事的天空

　　5岁的月月跑下楼去找小伙伴玩耍，妈妈关上房门，开始整理家务。没一会儿，就听到房门外"咚咚咚"的砸门声。这是小月月独特的叩门方式。妈妈打开房门，看见女儿气喘吁吁地站在门口，赶紧把孩子拉进门来。

　　小月月开门见山地提出："妈妈，我要买红裙子。"

　　月月妈妈有些摸不着头脑地问："你有好几条裙子了，怎么还要买裙子？"

　　小月月坚持道："丽丽刚刚买了一条红裙子，可漂亮了，我也要有红裙子。"

　　月月妈妈的攀比心又上来了，说："好，咱们也去买一条。"说完就去换衣服，准备带女儿去商场选购。

　　正在看报纸的月月爸爸放下手中的报纸，说："嘿，孩子不是有好几条裙子吗，怎么又去买？"

　　月月妈妈说："咱们不能输给

别人，人家有的咱们要有，人家没有的，咱们也要有，现在谁比谁差啊。"

月月爸爸无语了，他知道妻子的脾气，只好任由她去了。

吕姐爱心课堂

孩子之间的攀比现象比比皆是，小到零食、衣服、玩具，大到房子、私家车都要与小朋友比较一番。父母不能把这种攀比视同儿戏，这是虚荣心的先兆，应及时予以引导。孩子爱虚荣可不是一件小事，会对他们自身的进步产生很大影响和阻碍。

约翰·洛克表示，父母对孩子虚荣心的助长起着推波助澜的作用。他批评道："一些父母无聊地将孩子身上的衣服当成了满足自己虚荣心的工具。如果孩子穿上新衣服，父母不夸耀一番，就觉得缺少点什么似的。结果让孩子学会了自我欣赏，学会了炫耀和虚荣。"

由于孩子年幼，知识经验不足，判断、分析、自我调节能力等都不成熟，他们喜欢模仿，盲目攀比，往往会从众甚至盲从，这必然会破坏孩子的心理平衡。过度的攀比虚荣，会给孩子的身心健康带来消极负面的影响，如分散精力、影响学习、缺乏意志力、养成奢侈浪费的生活习惯，甚至引发嫉妒心理等。

虚荣，是欲望的产物，是自尊的延伸，适度的虚荣并不会对孩子造成什么大的伤害。如果引导得当，还可以使之转化为进取心，帮助孩子积极进取。而任其自然发展，则会成为孩子成长中的绊脚石。为此，父母要对孩子进行正面的教育和引导，把虚荣心转化为自尊自爱。

洛克支招DIY

孩子爱虚荣不利于他们的成长，虚荣心强的孩子在个性成长中，经常会出现各种问题，因此，父母在日常生活中，要注意调整教育方法，让孩子养成良好的生活态度，远离盲目的攀比和虚荣。

●营造好的环境。要想教育孩子克服盲目攀比、爱慕虚荣的心理，父母就要做出表率，首先自己要养成勤俭的生活作风，如不要与同事、邻居、亲朋好友在工作、财力等方面进行攀比。给孩子带个好头，使他们从小树立正确的人生观、价值观。

●不要利用孩子满足自己的虚荣心。有些父母把孩子当作满足自己虚荣心的工具，如给孩子穿戴名牌，从而彰显自己的身份、地位和品位。或者看见别人家的孩子打扮得漂亮、时髦，便不甘心落后于人。这容易导致孩子养成追求无度、攀比虚荣的性格特征。

●**多留意观察孩子的言行。**发现孩子有攀比言辞或行为，不妨和孩子心平气和地谈话，迂回并不失时机地表达出自己的想法，让孩子心悦诚服地接受父母的引导，深刻地认识到爱慕虚荣的危害之处。

●**杜绝无理要求。**如果孩子提出无理要求，父母要坚决拒绝，而不可过于放纵孩子，随时予以满足。

●**规范行为，正确引导。**要为孩子建立一定的行为规范，告诉孩子，属于正当需要的，可以拥有，不需要的或浮华的东西要摒弃。

洛克小语 ♡

　　孩子讲虚荣、爱攀比大多是受成人影响。一些父母无聊地将孩子身上的衣服当成了满足自己虚荣心的工具。如果孩子穿上新衣服，父母不夸耀一番，就觉得缺少点什么似的。结果让孩子学会了自我欣赏，学会了炫耀和虚荣。

爱财有道，别人的东西不能拿

孩子偷拿别人的东西，着实令家长头疼。但打骂、斥责于事无补。正确的做法就是要教会孩子分清物权，学会明辨是非，明确告诉孩子别人的东西不能乱拿。

故事的天空

4岁的多多随妈妈去大姨妈家做客，发现小姐姐灵灵有许多好看好玩的玩具，就爱不释手地摸摸这个，玩玩那个，临走的时候还恋恋不舍地看着那些宝贝，表现出一副很纠结的样子。

回到家里，多多就躲在自己的房间里不肯出来。可是妈妈没有注意到孩子的表情，而是忙着去做家务了。不一会儿，大姨妈打来电话，说灵灵的"珍珠鸡"不见了，问是不是多多看着好玩带回去了。

放下电话，多多妈妈推门走进儿子的房间，果然，小家伙正嘟着小嘴，对着手里的"珍珠鸡"尖尖的嘴亲着。

妈妈看到这一幕后，严肃地问："这是哪来的？"

多多赶紧把"珍珠鸡"藏到背后，说："是我在路上捡到的。"

妈妈说："大姨妈打电话说，灵灵姐姐正在家里哭

呢，她的'珍珠鸡'跑丢了。"见多多脸色变红了，故意说道，"这只淘气的小鸡是不是跑到你的口袋里了？"

小家伙点点头。

妈妈建议道："'珍珠鸡'不认识回家的路，咱们把它送回家吧。"

尽管有些恋恋不舍，多多还是点头表示同意。

"珍珠鸡"重新回到大姨妈家，灵灵高兴地把玩着自己心爱的玩具，见小表弟也很喜欢它，就大方地借给了多多。说等多多玩够了，再来挑选其他的玩具，两个孩子还拉钩确定了有借有还的君子协定呢。

多多妈妈对姐姐表示出自己的担忧，说这么小的孩子怎么就有了偷东西的毛病呢？姐姐对妹妹解释道，小孩子可能对物品所有权还没有清晰的概念，不能正确评价自己行为的好坏，见到自己喜欢的东西就据为己有。但是，要及时让孩子知道自己的物品和他人的物品是不同的，不能随意占有别人的东西。否则，养成习惯，随着年龄的增长，就很容易演变成偷窃占有行为了。

吕姐爱心课堂

其实孩子出现偷窃行为并不可怕，因为他们心智发育尚不成熟，行为受理智控制少，受感情支配多。所以，孩子做事经常不符合成人世界的是非标准，这并不足为奇。但随着时间推移，孩子渐渐长大，心智自然就会成熟起来。

对于孩子出现的小偷小摸现象，父母有必要帮助孩子分清是非和物权。约翰·洛克强调："孩子越是分不清这种标准，我们越是要预防他弄错，对于如此重要的事，哪怕只是在细枝末节上有出入，都不可轻易地放过，就算他是在最微不足道的事上分不清是非，我们也要及时加以纠正。"

帮助孩子分清物权和是非，使孩子知道哪些是属于自己的，哪些是属于他人的，哪些行为是对的，哪些行为是错的，可以减少并杜绝偷摸偷拿现象的发生。这样做的目的，既让孩子懂得人情世故，也预防了孩子养成坏的习惯。

在教育孩子的过程中，家长不要对孩子的偷窃行为过于敏感，认为孩子偷了别人的东西就是"小偷"，"学坏了"。当孩子分清了物权，能明辨是非，自然就不会随便占有他人的物品了。当然，也不可以任其自然发展，如果孩子养成了习惯，即便分清了物权和是非，也可能刻意去偷摸。因此，约翰·洛克提醒父母："从一开始就要告诉孩子，除非是有权支配东西的人给予了权力，否则他自己不能动手去拿别人的东西。还要让孩子明白：他若想违反公道，把他人的东西据为己有，是不会得到任何好处的。"

洛克支招DIY

孩子有了小偷小摸行为，与父母教育不当也有关系。为此，父母应及时予以引导，把偷摸行为扼杀在萌芽中。

● **不要急于批评孩子**。孩子拿别人东西与成年人的偷窃行为有着性质上的不同。因为孩子的主客体意识不够清晰，并不认为拿别人东西就是偷。如果发现孩子有过失行为，最好不要大声呵斥、惩罚他们。而是要先问清楚孩子这么做的原因，然后明确、严肃地告诉他，这个东西是别人的，应该及时还给人家，帮助孩子形成正确的主客体意识。

● **帮助孩子建立物权的概念**。在日常生活中，可以为孩子准备专用的日常用品，如碗筷、衣服、鞋子等，尽量不要与他人混用，帮助孩子建立你的、我的、他的概念。告诉孩子每个人都有属于自己的私人领域或物品，不经同意，不能随便拿别人的东西。

● **提高孩子分辨是非的能力**。由于孩子年纪小，经验少，辨别是非的能力差，家长要用浅显的语言和直观的方式对孩子进行教育。如通过讲故事、做游戏等方法，让孩子体会小朋友丢失东西后的着急心情，感受随便拿别人的东西给他人造成的麻烦，提高孩子分辨是非的能力，使他掌握正确的道德行为规范。

● **父母的榜样作用**。孩子的模仿能力强，父母的道德品行无时无刻不在影响着孩子。为了孩子具有良好的品格，父母首先要严于律己，不贪图小便宜，不随便拿别人或公家的东西，为孩子树立好榜样。

洛克小语 ♡

对于孩子想违反公道，把他人的东西据为己有，从一开始就要告诉孩子，除非是有权支配东西的人给予了权力，否则他自己不能动手去拿别人的东西。

爸妈私房话

第三章

人际交往与得体礼仪，彰显绅士淑女优雅风度

　　自然得体、彬彬有礼的举止，可以折射出一个人的优良教养。约翰·洛克强调从小要教给孩子一些与人交往的技巧，让他们深谙礼仪，懂得人情世故，掌握与人交往的技巧。一个温文尔雅、待人殷勤友善的人，也必定会赢得他人的喜欢，受到大家的欢迎和重视。

学会与人交往，引导孩子走向社会

一个有教养、懂礼仪的人，就是言谈举止优雅大方，待人接物不卑不亢，与人相处自然、融洽的人。凡是知道如何使对方感到舒畅，而自己又不至于降低身份的人，他就可以说是得到了处世的真诀，到处都会受到欢迎与重视。

——约翰·洛克

⏱ 阅读时间：<u>30</u> 分钟　　🎓 受益指数：★★★★★

尊重他人，才能赢得他人尊重

尊重他人，是与人交往最基本的礼仪和技巧。一个懂得尊重别人的孩子，更能赢得大家的信赖与欢迎，收获更多的友谊和朋友。这样的人际关系，能使他在未来的人生道路上越走越宽，并取得最终的成功。

故事的天空

星期六上午，湛湛和妈妈一起去刘阿姨家做客，刚好碰到幼儿园同班的小朋友佳佳和妈妈也在。

湛湛指着佳佳，对几个大人高声地说："佳佳昨天在幼儿园里尿裤子了，嘻嘻！"

佳佳的小脸一下就红了，连忙掩饰地辩解："没有。"

湛湛立即回道："尿了，我看见了。"

佳佳很尴尬地说："没有，就是没有。"

看到两个孩子发生"争执"，大人们赶紧进行劝慰，刘阿姨拿出糖果招待小客人，湛湛毫不客气地吃糖果，佳佳却气呼呼地不理睬湛湛。

在回家的路上，湛湛妈妈批评儿子："以后不能当众说小朋友不光彩的事情了，一点也不给人家留情面，多让人难为情啊，这是对人的不尊重。"

湛湛却不以为然，坚持他所说的事情是真实的。

妈妈知道儿子的执拗，只好不再作声，等找机会再同他讲清道理吧。

吕姐爱心课堂

每一个人都是有自尊心的，在与人交往中，要处处为他人着想，尽量在公共场合给他人留情面。尊重他人，是一个人的基本教养，也是社交中最基本的礼仪。

约翰·洛克说："与人相处时，你应当尽量表达出善意的尊重，如此才能赢得他人对你的尊重。"在教育和引导孩子时，他也强调要让孩子懂得尊重别人，"孩子越表现出不尊重他人的状态，就越是要引导他，使他的性情转变过来"。

让孩子学会尊重他人，是使其今后在社会上得以立足的关键。只有尊重他人，才可能正视别人的意见，接受别人的建议，并能很好地处理人与人之间的关系，拥有更多的朋友。而一个对他人不尊重，处处"我"字当头，常常轻视他人的人，也很难赢得别人的信任和尊重。所以，不要对孩子的童言无忌视而不见，而是要从小积极引导孩子学会如何尊重他人。

在这个独生子女的时代，孩子们往往以自我为中心，不懂得去尊重别人，凡事由着自己的性子，想说什么话就说什么话，想做什么事就做什么事，根本不去顾及他人的感受。长此以往，孩子就会养成目空一切的习性。

尊重，可以说是人际关系的起点，尊重的缺失必然会导致交往的失败。因此，培养孩子从小学会尊重他人，是家庭教育不可或缺的必修课，家长要高度重视起来。

洛克支招DIY

多给予他人一份尊重和理解，就会多获得一份友谊与温暖。当孩子逐渐学会了尊重别人时，他自己也就建立起了自尊。

●**尊重他人的想法和看法**。要教育孩子学会尊重别人的意愿和想法，凡事不要强迫别人。如果他人的想法与自己的想法发生冲突，不要将自己的意愿强加到别人身上，可以采取协商的办法来进行沟通。

●**不能看不起别人**。个人的作用都是微不足道的，凡事不能轻视别人，或者缺乏应有的敬意。特别是不能从言辞、神情或者姿态上表现出来。

●**学会给他人留面子**。不当面指出他人的不足，是最基本的社交礼仪。父母要引导孩子学会给人留情面。当发现别人的错误或不足之处时，应避开众人私下向他提出，或尽量用委婉的方式去表达。

●**不要取笑别人**。爱取笑别人是孩子们常犯的错误，对于年幼的孩子来说，他们取笑别人的理由可能很简单，就是因为好玩、好笑，不知道这样做会伤害到别人。但家长不要认为这是小事、无关紧要，而是要在孩子第一次出现这种行为时，就让孩子了解到取笑别人是一件不礼貌、不好的事情，会对别人造成伤害，是一种不友好的行为。

●**及时纠正孩子不尊重他人的言行**。当孩子有不尊重他人的行为时，父母要及时进行劝导，要让他知道不尊重别人是不礼貌的。要采取说服教育的方式，杜绝打骂等不文明的行为。

●**为孩子树立尊重他人的榜样**。在日常生活中，父母要注意自己的言行举止，给孩子做出尊重他人的表率。孩子有了可以模仿的样板，自然也会渐渐地养成尊重他人的习惯了。

●**给孩子足够的尊重**。若想孩子尊重他人，父母首先要尊重孩子。一个人格和自尊能够受到尊重的人，才会懂得如何去尊重和理解他人。

洛克小语 ♥

在与人相处时，你应当尽量表达出善意的尊重，如此才能赢得他人对你的尊重。

忍耐+宽容，更能增进友谊

忍耐与宽容是一种良好的心理品质，它能使孩子在交往中理智地与人打交道，使自己和他人都感到愉快。学会忍耐与宽容，就等于掌握了与任何人交往的智慧。

🧒 故事的天空

5岁的点点怒气冲冲地跑回楼上，一进门就趴到沙发上，气呼呼地胡乱拍打着沙发，然后抓起一只靠垫狠狠地摔在地上。

妈妈放下手中的家务，过来关切地问道："怎么了，儿子？"

点点狠狠地喊道："我一定不会放过臭久久。"

妈妈知道他和久久是好朋友，便说："久久怎么你了，让你这么恨他？"

点点说："他和凉凉一起玩，不理睬我。"

妈妈知道儿子的脾气，就给他倒了一杯凉开水，看着儿子一口一口喝下去，才劝慰道："有些游戏是两个人玩的，没法带你一起参与，你可以等他们分出胜负，和胜者一起玩嘛。"

点点说："我就是要先玩。"

为了平息儿子的怨气，妈妈

拿出积木，建议一起搭积木，母子俩很快沉浸到"盖高楼"的乐趣中去了。等"高楼"建成了，点点脸上露出了笑容，与刚进门时相比简直判若两人。

趁着儿子高兴，妈妈开始给儿子灌输起"大道理"，让儿子明白忍耐和宽容是友谊的纽带，最后建议儿子重新下楼去找好朋友一起玩耍。

点点跑下楼，同久久和凉凉一起开心地做起了游戏。

吕姐爱心课堂

孩子之间很容易因为一些小事而产生矛盾，由于心智发育不成熟，他们往往难以克制自己的不良情绪。这就需要父母及时地加以引导，教育孩子做人应宽容大度，学会原谅他人，同时也愉悦了自己。让孩子懂得，人各有不足之处，与人发生矛盾时，要学会忍耐和宽容，不要马上指责别人，应多想想自己的不足。

约翰·洛克指出："孩子向大人告状，互相攻击，常含有愤怒与想报复的意思，想要得到大人的支持，家长对此绝不能言听计从，不能单方面接纳他所说的话。"他还告诫父母："稍微受点委屈就向大人抱怨，会让孩子变得脆弱，应让他在受到挫折和痛苦的时候学会忍耐，而不是觉得难以承受。这样对他只会有益处。"

忍耐和宽容并不是软弱的体现，而是一种风度，更是一种处理和完善不愉快事情的能力。让孩子学会忍耐，能为他的人际交往铲除阻碍。所以，父母要让孩子保持良好的心态，学会暂时克制自己的情绪，宽容对待他人，这样才能避免矛盾的发生，使交往顺利进行，这样也利于孩子良好性格的形成。反之，就会使孩子变得心胸狭隘，不能理解他人，还容易形成偏激的性格。一个沉不住气，不懂得忍耐与克制的人，是很难担当重任，成为一个有用之才的。

让孩子在人际交往中学会忍耐与宽容，是父母必须要教给孩子的一件"秘密武器"。它不仅能令孩子拥有一份良好的人际关系，赢得更多的朋友和友谊，更能使他在面对困境时，经受得住痛苦、挫折和失败。

洛克支招DIY

忍耐、宽容是一种良好的心理品质，它以和平的心态待人处事，会使自己和他人都感到愉快。家长一定要让孩子学会忍耐、宽容地对待他人，这也是孩子在社会上健康发展的必要能力和智慧。

●**多考虑他人的感受**。不能与他人融洽相处的孩子，多是目空一切，喜欢以自我为中心，自然不肯低人半头。在日常生活中，父母应引导孩子，在满足自己需要的同时，要多考虑他人的存在和感受，共享才能共赢。

●**学会反思自己的不足**。当孩子与小伙伴发生矛盾时，父母应引导孩子反思起因，找出和检讨自己的过失和不足，宽容小朋友的缺点与失误。

●**对人以诚相待**。在生活中，告诉孩子对他人要以诚相待，对于他人的错误要帮助改正。要让孩子知道，宽容忍让有利于增进友谊，原谅他人就是给他人改正的机会。

●**锻炼孩子的克制能力**。在日常生活中，父母应有意制造一些挫折，让孩子碰碰钉子，然后适时地进行教育引导，让孩子懂得只有友善和互助才能赢得大家的喜欢。让孩子感受尊重、帮助、谦让别人的乐趣，学会控制自己不良的情绪。

●**让孩子在交往中体验快乐**。只有在实际交往中，才能锻炼和检验孩子的克制能力，所以，尽量让孩子多接触同龄人，让孩子在交往的过程当中学会取长补短，让孩子在发生矛盾的事情中体味到只有团结友爱、宽容谦让，才能享受共同相处的快乐。

●**为孩子树立榜样**。在家庭生活中，父母要做孩子的榜样，遇到矛盾或冲突时能宽宏大量，不计较得失，做到克制与忍让。在这样的家庭环境中，孩子自然就会逐渐学会宽容体谅别人了。

洛克小语 ♡

稍微受点委屈就向大人抱怨，会让孩子变得脆弱，应让他在受到挫折和痛苦的时候学会忍耐，而不是觉得难以承受。这样对他只会有益处。

慷慨大度，人生最大的财富

学会慷慨大度，不仅有助于孩子养成温厚纯良的性格，而且还能够使其赢得他人的尊重和友谊。这样做表面上看似失去了一些东西，实则孩子会因此收获更多。

故事的天空

一辆漂亮的遥控小汽车在小区的广场上跑来跑去，吸引了许多小朋友的目光，手持遥控器的乐乐有些飘飘然了，更加起劲地炫耀自己的"技术"了。

小朋友都羡慕地围了上来，眼馋地盯着他手里的遥控器，想过一把瘾。

迟迟渴求道："乐乐，让我玩一会儿吧。"

乐乐把遥控器紧紧抱在怀里，生怕被人抢了去。

一个刚刚学会走路的小妹妹蹲下身来，伸出胖乎乎的小手想去摸摸漂亮的小汽车，乐乐飞快地拿起小汽车跑到一边去了。

几个孩子失望地看着远处的乐乐，无奈地四散开来。

迟迟对着乐乐大喊道："小气鬼，没人理！"

这一幕被乐乐妈妈看在了

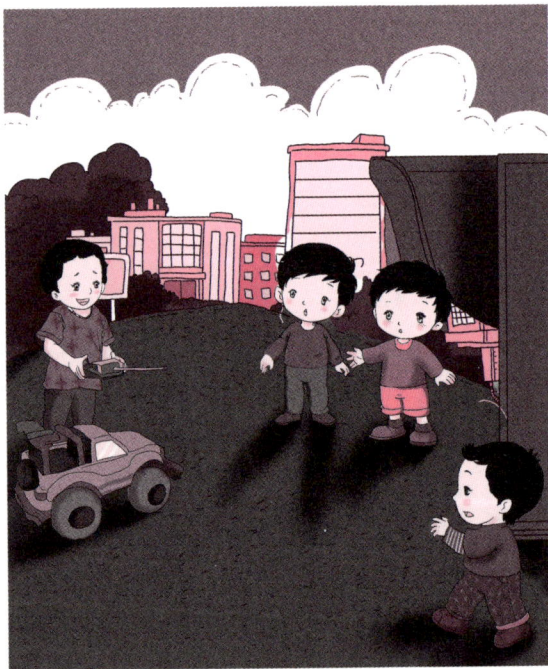

眼里，她同正在聊天的邻居匆匆道别，走过来对儿子说："宝贝儿，迟迟都批评你了，还是好朋友呢，怎么不同大家一起玩？"

乐乐嘟着小嘴说："这是我的玩具。"

妈妈说："上次迟迟的小手枪不是让你玩了半天吗？咱们也要有来有往啊。再说一个人玩多没意思，大家一起玩才快乐嘛！"

乐乐看着远处的迟迟，又低头看看手中的玩具，点点头，一边"开"着小汽车，一边向迟迟走去。几个孩子欢呼着又聚到一起，玩得可开心了。

😊 吕姐爱心课堂

在孩子之间，吝啬、小气的行为很普遍。他们总是喜欢"独霸"自己所喜爱的东西，一边将物品紧紧攥在自己的小手里，一边用眼睛警惕地告诉你："这是我的，谁也不能碰。"

对于孩子的"小气"，固然是其发育阶段的必然现象，但也和家长不当的教养方式有关。如今的家庭，多是独生子女，孩子成了家中的"小太阳"，父母过度地以孩子为中心，导致他们往往只考虑自己，以自己的需求为出发点，只要是"我"的，就贴上自己专属的标签，不愿意拿出来与他人分享。

约翰·洛克说："关于占有、获得的东西，家长要教孩子毫不吝啬地把自己的东西分给他人。要让他通过实际经验了解到，慷慨大方的人总是最富有的，并且还能得到他人的称赞和敬重。"可以说，慷慨大度，是一种气质和"财富"。家长要让孩子明白，对人慷慨，不但自己不吃亏，而且还可以使得到馈赠的人和看到的人都对他产生友好。这种乐于给予他人的美德，有益于孩子养成温厚的性格和诚实无欺的好品格，是一种重要的社交能力。

对于孩子的小气和吝啬，家长不能等闲视之，因为随着年龄的增长，如果不对孩子进行及时的引导，这种自私的行为就会演变成性格的一部分。带着这样的性格特点，孩子以后不仅会很难交到朋友，还会对他以后的学习和发展造成不良的影响。

😊 洛克支招DIY

让孩子学会慷慨大度、与人分享，是需要从小培养的，开展得越早，孩子也就越能尽快地走出自私、小气的"泥潭"。

●**孩子不是"小太阳"**。孩子固然是家中的宝贝，但家长也不能对他们过于溺爱，一切以孩子为中心，时时刻刻都围绕着孩子转。要让孩子明白，家里好吃的东西应一同分享，好玩的玩具人人都能玩。如果父母什么都让给孩子，孩子没有争抢、没有分享，自然也就不懂什么叫大方、什么叫慷慨了。

●**有意创造"分享"的情境。** 父母应在日常生活中有意创造一些"分享"的情境，培养孩子学会慷慨分享。如让孩子给大家分发水果，切蛋糕时让孩子亲自参与，家里来了小朋友，引导孩子与小朋友分享玩具等。让孩子意识到，好东西不能独自享用，与人分享会给自己和他人都带来快乐。

●**对孩子的慷慨举动给予表扬鼓励。** 当孩子表现出与人分享或做出乐善好施的举止时，家长不要视而不见，应及时予以鼓励和表扬，以强化孩子的好行为。

●**让孩子在与同伴的交往中学会分享。** 同伴交往对孩子的社会发展和个性成长至关重要，在与小伙伴的游戏交往中，孩子会变得大方得体，学会与人交往的技巧。因此，家长应多让孩子参加群体活动，让他在与人交往的过程中学会慷慨大度，体验合作与分享带来的快乐。

●**为孩子带个好头。** 家庭环境对孩子的影响是很大的，他们也喜欢对父母的行为进行模仿。所以，家长在为人处事时应表现得大度慷慨，乐善好施，让孩子在模仿中逐渐受到影响。

●**不要强迫孩子。** 当然，让孩子学会分享，并不是一味地强求孩子慷慨。如果强迫孩子把他最心爱的东西给别人，这会让孩子感到"分享"毫无乐趣，只是一种不得不承担的不愉快的义务而已，反而不利于慷慨之心的自然成长。所以，父母应在日常生活中多给予孩子正确的教育和引导，随着孩子心灵的成长、社会交往的增多，他们会逐渐变得慷慨大方起来。

🧒 **洛克小语** ♡

　　贪婪是一切罪恶的根源，应及早铲除，而对于那种跟贪婪相反，乐于给予他人的慷慨大度的美德，则需要从小培养。

实事求是，让孩子知道社会的真实性

　　告诉孩子一个真实的世界，对他说出事实真相，是为了让孩子长大后能更好地适应这个纷繁复杂的社会，并且以不变的真谛去迎接人生的风雨历程。

故事的天空

　　一场精彩的演出结束了，5岁的哲哲牵着妈妈的手走在人散场空的广场上，他们脚下到处都是被丢弃的废包装、空饮料瓶等废弃物。

　　哲哲仰起小脸问道："妈妈，这里怎么这么多垃圾呀？"

　　妈妈一脸无奈地说："都是大家丢弃的呀。"

　　哲哲指着不远处的垃圾箱说："应该放在那里才对嘛。"

　　妈妈蹲下身来，亲昵地摸摸儿子的小鼻子，说："是呀。"

　　哲哲建议道："我们把这些垃圾都放到垃圾箱里吧。"

　　妈妈赞许地点点头，母子俩开始了"拾荒"的义举。

　　在他们母子的带动下，一些路人受到了感动，

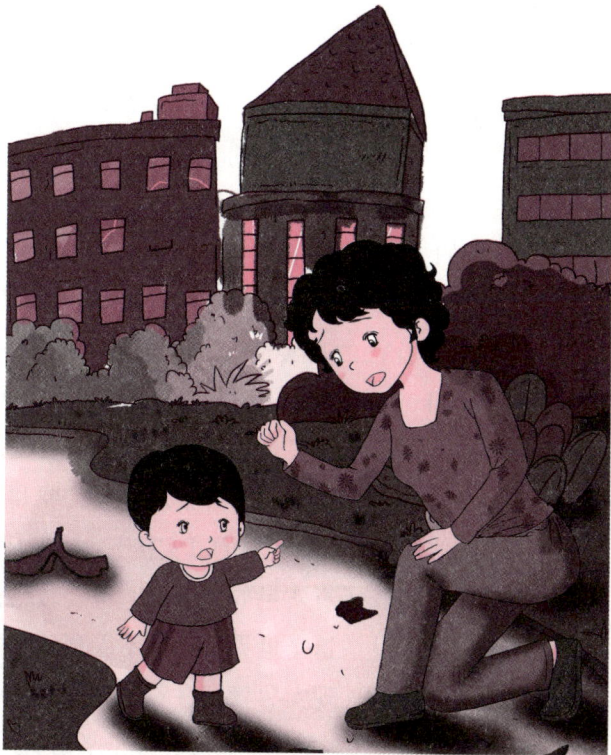

大家纷纷加入进来，很快广场上又是一片洁净。

当坐在长椅上休息时，哲哲突然问道："妈妈，幼儿园里的老师告诉我们，人人都要保护环境，不要随地吐痰，不乱扔垃圾。可为什么有这么多人还是不讲卫生呀？"

妈妈抚摸着儿子的头说："这就是当今社会的现象，现实生活中不是所有的人都能按照规则行事，总是有一些人不遵守社会秩序，不讲公共道德。"她看着儿子不解的神情，继续说道："不过，这都只是个别和暂时的现象，今天不是有许多人都参加到捡垃圾的行列了吗？"

哲哲想了想说："我永远不乱扔垃圾！"

妈妈赞道："对了，从我做起。"

哲哲立即接上一句："从现在做起！"

吕姐爱心课堂

当今社会是一个纷杂的社会，仍有一些不良现象存在。仅仅给孩子一个温暖的、充满爱的家是远远不够的，还要告诉孩子如何面对社会，让孩子知道这个世界绝非一尘不染，有爱，有温情，当然也有危险和邪恶。

约翰·洛克告诉我们："期望孩子对邪恶一点不知，以此来防止他染上邪恶是根本办不到的事情。唯有把他终生关在密室内，永远不让他接触外界。可是把他关在象牙塔里越久，当他走出来的时候就越看不清晰，就更容易稀里糊涂地变成自己和别人的牺牲品。"所以，应尽早让孩子了解社会真相，让他知道这个世界不单单有美好温暖的一面，还有着一些不尽如人意的肮脏和丑陋。这不仅有助于孩子成长，使他们认识这个纷繁复杂的世界，还会使他们懂得和学会如何保护自己。

如果孩子对社会的真实情形非常陌生，将来一旦置身于社会，就会为眼前的现实与父母、老师所说，以及自己想象的不一样而感到迷茫，对一些丑恶现象不知所措。这会使他很难融入社会，或者易受他人的诱惑、教唆，难以自控。因此，对于社会上流行的各种歪风邪气，要利用一切可利用的机会——揭示给孩子，让他们了解一些社会的真实状况。

当然，在告诉孩子真实世界的同时，也要教给他们正确观察和认识社会的方法。使孩子既能认清这个世界，又能不受到负面影响。让他知道社会上真善美与假恶丑是并存的，现实尽管存在着阴暗和丑陋，但毕竟不是主流，光明和美丽还是牢牢占据着主导地位的，要让孩子坚信明天会更美好！

洛克支招DIY

孩子总有一天会独立面对世界，不要担心现实的丑恶和残酷会伤害到孩子纯净的心灵。为了将来他能更好地步入社会，适应社会，应从小告诉孩子一些社会的真实情形，使他了解到现实生活并非都像童话故事中所描绘的那样只有美好，从而树立起正确的人生观、社会观和价值观。

● **把真相告诉孩子。** 对于社会上的种种不良现象，家长不要欺骗或隐瞒，应采用他们能接受的方式，实事求是地讲给孩子听，使孩子知道什么是美和丑、爱和恨，当遇到突发情况能及时进行恰当处理。

● **增强孩子的安全意识。** 在教育孩子乐于与人交往、助人为乐的同时，还要提醒孩子不要随便和陌生人讲话，不要吃陌生人的东西，不要跟陌生人走。对此，可采用角色游戏或通过模拟真实社会情景来锻炼孩子与人交往的能力，培养其交往技巧，强化其安全意识。

● **让孩子参与家庭事宜。** 家庭是孩子走向社会的演练场，因此父母应多给孩子家庭事务的参与权。从小让他有参与意识，不仅是对孩子的尊重，还可以在参与中培养他的责任心。通过家庭事宜的实际参与，会使孩子熟悉社交技巧，了解更多的社会真相。在真实的生活和世界中，一步一步锻炼孩子良好的社会适应能力。

● **提高孩子的辨别推断能力。** 在人际交往中，辨别推断能力极为重要。家长应教孩子习惯于根据他人流露出的蛛丝马迹进行正确的推断。如不能将好人看成坏人，也不可将坏人看成好人。有时候越是坏人，越会摆出一副友好的态度，使人上当受骗。当然，培养孩子辨别推断能力不是一件简单的事，这就需要家长循循善诱的引导，让孩子多接触不同的事情，在生活中不断实践而成长起来。

洛克小语 ♡

期望孩子对邪恶一点不知，以此来防止他染上邪恶是根本办不到的事情。预防这种弊病的最好方法，就是对孩子实话实说，在他真正接触社会以前将一个真实的社会告诉他。

塑造孩子的完美礼仪

在孩子独立面对世界以前，应竭力让他在所有的言谈举止上养成一种自然的、彬彬有礼的态度。一位青年绅士或淑女得到了这种素质，带给他或她的益处是无限的，他（她）靠着礼仪方面的素养，未来的道路就会更开阔，拥有更多的朋友，在社会上的成就也将更大。

——约翰·洛克

● 阅读时间：<u>30</u> 分钟　　　　🎓 受益指数：★★★★★

优良礼仪尽早培养

社会上专业知识丰富的人很多，但举止优雅、谈吐不俗者却很少。优雅的举止不是与生俱来，而是在日常生活中一点一滴培养、积累起来的。为了孩子懂礼貌、讲礼仪，成为一个深受大家欢迎的人，父母应尽早对孩子进行礼仪启蒙教育。

📖 故事的天空

星期日一大早，5岁的莎莎就起床帮助妈妈收拾房间，布置客厅，准备迎接妈妈的好友雷阿姨的来访。

当敲门声响起时，莎莎已经将房间收拾妥当。她赶紧跑到门口，打开房门热情地迎接雷阿姨。看到雷阿姨满面笑容，莎莎礼貌地说："阿姨好！"

雷阿姨抱起莎莎亲了亲，说："好宝贝儿，阿姨想你了。"

莎莎回以一个灿烂的笑。

雷阿姨放下莎莎，走进客厅和老友热聊去了。

莎莎不声不响地端来一杯茶水放到雷阿姨面前，甜甜地说："阿姨，请喝茶。"然后，轻轻地坐在妈妈身边，安静地听着大人们说话。

倾情解读约翰·洛克卓越教育

雷阿姨喜爱不够地看着莎莎说："真是个懂事的孩子，越来越像个小淑女了。我家那臭小子可差得远了，一点规矩也不懂，更不要说礼貌礼仪了。"

莎莎妈妈传授经验说："孩子的良好礼仪是可以培养的，越早培养越容易养成。只要多给孩子实践的机会，每个孩子都能成为讲礼貌、懂礼仪的小绅士小淑女。"

吕姐爱心课堂

优雅的礼仪是一个人内在素质的体现，是人际交往中必不可缺的要素。教孩子懂得一些礼仪，能让他被更多人接纳，从而奠定了良好的人际关系。

约翰·洛克强调："让孩子的言谈举止、神色动作等都恰到好处，并且自始至终表现得从容自如，这是需要从长期应用中获得经验才能学会的。所以家长应趁早对孩子着手培养，让他打好根底。良好的礼貌、礼仪如果不在孩子小的时候培养，以后就很难养成了。"

生活中有的父母认为，小孩子天真无邪，没必要过分地去严格要求，等他长大了以后自然就懂礼仪了。还有的父母对孩子的智力教育极为重视，却疏忽了对孩子文明礼仪习惯的培养，认为只要孩子学习好，懂不懂文明礼仪没什么关系。这都是错误的认识。幼年时期，是孩子了解社会、学习各种行为规则的理想时期，也是良好行为习惯养成的最佳阶段。如果此时就开始对孩子进行礼貌礼仪的培养，不仅有助于促进孩子社会化的进程，而且对其今后整个人生的发展都将产生积极、重大的影响。一个具有良好文明礼仪、有教养的人，就更容易受到大家的尊重和欢迎，更有利于建立和

谐的人际关系，从而也更容易取得事业上的成功。

从孩童时代培养优雅的举止和文明礼仪，与孩子天真活泼的表现会相得益彰。越是懂得礼貌礼仪的孩子，其自由发展的空间也就越大。所以，对孩子进行早期教育，技术性的培养并不是重点，更重要的是要在品德和良好礼仪上多下功夫。

孩子的礼仪教养、良好的行为习惯，需要在日常生活中长期培养与引导，它没有什么速成诀窍。由于此时孩子的可塑性极强，能够敏锐地接受外界的各种信息，因此父母要借助孩子喜欢模仿成人的特点，对孩子进行礼仪启蒙教育，让他们通过实际行动和演练，逐渐养成讲文明、懂礼貌的好习惯。

洛克支招DIY

优雅、良好的礼仪能带给人以从容、自信与成功，是拉近自己和他人的一座桥梁。若想孩子的言谈举止落落大方，礼貌有加，家长从小就要着手对孩子进行礼仪培养。

●**引导孩子注意仪表端庄**。干净整洁的仪容仪表，是一个人外在形象的代言。孩子比较活泼好动，如果家长不加以指点，很难做到仪表优雅。为此，应多在孩子仪容仪表上予以指导，如保持脸、脖颈、手、头发的洁净，注意口腔卫生，勤洗澡，勤换衣服，身体无异味，着装整洁得体等。最好在实际生活中多为孩子做演示，使孩子通过模仿，时刻注意自己的仪容仪表。

●**时刻注意自己的言谈举止**。言谈举止是个人礼仪的一个重要组成部分。家长要教给孩子正确的站、坐、走的姿势；教育孩子同别人说话时，多用尊敬和礼貌的词语，如"请""谢谢""对不起""您好""再见"等；与人交谈时不要东张西望，要认真倾听对方讲话，态度诚恳、亲切，不能沉默不语，也不能自己一个人喋喋不休，不给他人说话的机会。

●**应遵守公共场所的礼仪**。公共场所礼仪涵盖面很广，如不随地乱扔东西；乘车时要自觉排队，并遵循先下后上的原则，不拥挤、不抢座，保持车上卫生环境；公共场所要保持安静，不大声喧哗、打闹；遵守公共秩序和交通规则；购物时要用礼貌语言等。

●**热情礼貌地接待客人**。家中有客人来访时，教孩子学会以主人的身份招待客人。热情地迎接客人进屋，帮客人放衣物，请客人在合适的位置落座，给客人端茶送水，并主动、大方地与客人交谈。客人走时要礼貌挽留，与客人告别时，要说"再见""欢迎您再来"等。

●**外出做客时的礼仪**。外出访友时要仪表整洁，尽可能带些小礼品，以示对主人的尊重。敲门或按门铃时不要太重或太急，一般轻敲两三下就可以了。不经主人允许，不可随意乱动别人家里的东西，说话不能大声大气，要谈吐文明。告别时，如果主人出门相送，应请主人留步并道谢，说"再见"等。

●**餐桌上的礼仪**。用餐时要注意保持桌面、地面、碗内的干净与整洁，不抢食，喝汤时不发出声音等。

●**打电话的礼仪**。家里的电话铃声响起，小孩子总爱抢着去接听。这时父母不妨引导他们学习一些打电话的礼仪，让他们在接打电话的过程中学会一些与人交往的技巧。如引导孩子用委婉的话向对方问好，并用简练的语言表达打电话的目的，通话结束之前要有礼貌地向对方说再见等。

洛克小语 ♡

让孩子的言谈举止、神色动作等都恰到好处，并且自始至终表现得从容自如，这是需要从长期应用中获得经验才能学会的。所以家长应趁早对孩子着手培养，让他打好根底。良好的礼貌、礼仪如果不在孩子小的时候培养，以后就很难养成了。

礼仪早训练，不要让孩子成为遮羞的道具

事先不给予引导，遇事拉孩子"仓促应战"，只会导致一些尴尬场景出现。为了让孩子懂礼仪、讲文明，父母应在平时给孩子做足功课，以便他们在任何场合都能从容应对。

故事的天空

妈妈带着4岁的儿子洞洞上街，母子俩走到公园门口时，恰好遇到单位已经退休的老领导，于是便停下来打招呼。

洞洞牵着妈妈的衣角，东张西望地乱看着。

妈妈问候完老领导，对儿子说："快，向爷爷问好。"

洞洞不住地摇着头，就是不肯开口。

妈妈有些尴尬地看了一眼一直笑眯眯的老领导，耐着性子开导儿子："乖，要懂礼貌，快叫爷爷呀。"

没想到洞洞非但不肯叫，还把小脑袋扭了过去，表现得一点也不礼貌。

这让洞洞妈感到更尴尬，由于担心老领导认为自己教子无方，于是她便大声地对儿子说："你怎么这么不听话呀？让你叫爷爷为什么就不叫呢？"

洞洞好像被吓到了，委屈地"哇哇"大哭起来，挣脱妈妈的手跑走了。

老领导赶紧劝慰道："没事，没事，别为难孩子了。慢慢来，小孩子嘛。"

洞洞妈妈表示歉意道："都是我的教育方法有问题，这孩子！"

老领导关切地说："快去看看孩子吧。"

洞洞妈妈有点不自在地说："对不起了，回家我得好好教训教训他。"说完，转身去找儿子了。

吕姐爱心课堂

在现实生活中，许多父母都做过类似洞洞妈妈这样的"蠢事"，平时不注重孩子文明礼貌的教育，不教给孩子基本的礼仪常识，遇到事情又拉孩子"仓促上阵"。事先没有接受过相应的教育和训练，孩子自然打不好这种无准备的"仗"了。碍于面子，也为了替自己摆脱干系，不被他人指责为"教子无方"，于是父母只得迁怒于孩子的"无礼"，当着别人的面批评、训斥孩子。

约翰·洛克十分反感这种教育方式，他说："平时不给予孩子讲解，不教给孩子得体的礼仪，一旦他们礼貌上表现出什么不周，特别是在客人面前，他们就斥责孩子。表面上看，这些家长是在更正孩子的错误，其实，他们只是为了给自己遮羞罢了。"约翰·洛克一针见血地道出问题的实质，"许多父母为了维护个人的面子，就让可怜的孩子去'顶罪'，却不管孩子的感受如何。"

孩子没礼貌，父母自然没面子。而对孩子来说，这种事前毫不过问，事到临头又不分青红皂白地被训斥一通的方法，除了会让其无故受委屈、莫名其妙外，是不会从中得到丝毫益处的。为了把孩子培养成为知书达理的小绅士、小淑女，在平时的生活中，家长应适时地对他们进行基础的礼仪、礼貌教育，让文明礼貌意识融入到孩子的生活和行为习惯中去。这样，孩子在任何场合都能做到有的放矢，自如应对，这样也就避免了孩子不讲礼貌的尴尬场景出现。

洛克支招DIY

讲礼貌、懂礼仪的孩子自然人见人爱，若想孩子具有绅士、淑女风范，就要从小给他们提供适合的舞台和"土壤"，并给孩子一个逐渐适应的学习过程。千万不要"赶鸭子上架"，把孩子作为替家长遮羞的道具。

●给予孩子悉心的引导。事先没有接受过相应的教育和引导，孩子自然不知道遇事如何去说、去做，所以，平时应教给孩子一些常用的礼貌礼仪，让孩子清楚自己该去做什么。如见到熟人要主动问好，分别时要说"再见"，得到他人的帮助后要说"谢谢"，别人说话时不要随意插嘴，礼貌地回答别人的问话，到别人家里不能随意翻东西等。

●**事先要多演练**。好习惯的养成，不是靠说出来的，必须通过不断反复的练习才能形成。所以，只是告诉孩子什么是礼貌还不够，还应为他们创造条件，多对孩子进行相应的训练，让孩子在多次重复的基础上，自觉地去做，使之习惯成自然。如每天上电梯时向开电梯的叔叔或阿姨问好，离开电梯时说"再见"；家里来了客人，让孩子参与接待、让座、倒茶、谈话等。

●**不要在客人面前批评孩子**。即便孩子没有表现好，也要给孩子留有情面，不能出于自己面子考虑，迁怒于孩子的"无礼"，以免使场面变得一发不可收拾。

●**为孩子做出榜样**。孩子虽然辨别和理解能力较差，但可塑性和模仿能力很强，家长应在日常生活中为孩子做好言行示范，久而久之，孩子自然也就被熏陶成懂礼貌的好孩子。

●**在角色游戏中学习礼仪**。对于孩子来说，通过游戏进行礼貌礼仪训练会收到很好的效果。因此，家长可经常和孩子做一些角色游戏，让他们从中体验做个有礼貌的孩子的感觉。也可以让孩子扮演故事中的叔叔、阿姨等角色，使其感受到被人尊重的滋味。在快乐的角色游戏中，孩子既能学习和掌握一些基本的礼仪常识，还可以获得愉快的交往体验。

洛克小语 ♥

平时不给予孩子讲解，一旦他们礼貌上表现出什么不周，一些责备和教训就会成堆地涌向孩子。这看似是家长在更正孩子的错误，实则只是为了给自己遮羞。

不要打断别人说话

　　孩子爱多嘴插话，是一种不礼貌的行为。应从小让他懂得尊重别人，学会礼貌和倾听，不要随意打断他人讲话，并引导孩子适时、恰当地进行自我表达，掌握正确的与人交往的技巧。

🧒 故事的天空

　　5岁的姣姣是一个活泼可爱的小女孩儿，水灵灵的大眼睛，甜甜的小嘴巴，谁见了都打心眼儿里喜欢。

　　星期天，好久不见的老朋友左元红来家里做客，看到姣姣可爱的小模样，爱抚地摸着她的头顶，对姣姣妈妈夸赞道："好一个古灵精怪的小人精，太可爱啦。"

　　听到好友夸自己的宝贝女儿，高兴之余，姣姣妈妈有些遗憾地说道："这孩子哪儿都挺好的，就是喜欢多嘴多舌，总爱乱插话去打断别人。"

　　左元红笑着说："小孩子嘛，都是这个样子，天真幼稚是他们的本性。"

姣姣妈妈无奈地笑笑，说："有你领教的时候。"

姣姣坐在一边安静地玩着手中的绒毛兔，两个大人开心地聊起了过去的囧事，时不时地开怀大笑，令姣姣不再把玩手里的玩具，开始侧耳听了起来。

当左元红说到毕业最后一次散伙饭，自己哭得一塌糊涂时，眼眶不由得红了起来，姣姣放下手中的玩具，凑过来说："大人还哭鼻子，羞羞羞！"

左元红有些尴尬，妈妈赶紧制止道："乖，去玩吧。"

可姣姣却不管不顾，小嘴仍旧不肯停下来，说自己打针都不哭，幼儿园里有的小朋友如何娇气等。

当妈妈和好友的话题转移到十一小长假去旅游时，姣姣又开始插话，一会儿建议去海边儿，说可以游泳、吃海鲜，还能坐游轮；一会儿又兴奋地说起和父母一起去爬山的情景，搞得两个大人都没法交谈了。

姣姣妈妈对好友说："怎么样，领教了吧，真不知道她怎么这样爱插嘴。"

左元红点点头，也对这孩子爱插嘴的毛病感到无可奈何。

吕姐爱心课堂

中华民族是礼仪之邦，崇尚礼仪是一种传统美德。可是，在现实生活中，许多孩子自以为是，很少表现出谦逊礼貌之举。如上文的姣姣，总是喜欢表现自己，随意打断别人的谈话，令大家尴尬。

约翰·洛克说："尽管孩子不应由于繁文缛节受到巨大的约束，但这是人际交往中一种违反礼仪的状况，假如无法在儿童时期及早进行约束，就易于滋生出不良的习惯。那便是当他人正发表意见之时，喜欢插嘴，打断他人谈话。这是对人大不敬的表达，是一种极大的冒犯。"

当然，不让孩子随意打断他人谈话、乱插言，并非是阻止孩子参与大人间的交流。相反，有问必答，彬彬有礼的交谈是十分必要的，不仅可以起到锦上添花的作用，还可以锻炼孩子的人际交往能力，关键是如何才能表现得体。为此，家长应该在日常生活中，予以孩子正确的引导，让他们学会礼貌待人，在适当的时候进行适当的表达。只有这样，才能使孩子得到锻炼，掌握正确的交往方式。

只有尊重他人，才会受到他人的尊重。而不随便打断对方的谈话，是尊重对方最起码的要求。童言无忌，为了让孩子在与人交谈中，学会倾听，不随便打断对方的谈话，家长需要下大气力，给孩子做出示范，让孩子学会尊重对方，礼貌待人。

洛克支招DIY

孩子爱多嘴插言，父母不能对此放任不管，但也不能给予过多的指责和压制，伤害到孩子的自尊心。而是要注意教育的尺度，给予孩子合理的帮助和引导。

●**伺机诱导，让孩子知道打断别人说话是不礼貌的行为。**家长可以利用一切能够对孩子进行教育的机会，尤其是那些发生在孩子身边的事例，对孩子加以启发和诱导。告诉孩子随便打断他人讲话是不礼貌的，因为这样容易干扰讲话者的思路。

●**言传身教，为孩子树立榜样。**父母平时要注意自己的言行，由于孩子的模仿性较强，且又缺乏一定的辨别能力，父母的言行很容易被孩子模仿。所以，父母应树立起一个礼貌与人交往的榜样，尊重他人，不随意插言，待别人说完后，再发表自己的意见和看法。

●**及时表扬孩子的不插嘴行为。**当家长与他人交谈时，如果孩子没有多嘴插言打扰大人，待谈话结束后，应及时地给予孩子表扬，这可以对孩子不随意打断他人谈话的行为起到强化作用。久而久之，孩子就会逐步养成不随意打断别人说话的良好习惯。

●**培养孩子学会倾听。**提醒孩子在与人交谈时，不能抢话，一定要安静地听别人把话讲完。当别人的话告一段落或者询问自己的意见时，方可表达自己的想法。让孩子知道，认真倾听别人的讲话，是对别人的尊重，这样，当自己说话时，别人也会认真倾听。

●**让孩子体会被人中途打断讲话的滋味。**孩子爱插嘴，不妨引导孩子换个角度去思考问题，体会别人的感受。或者干脆让他亲自体验一下被人中途打断讲话的滋味，使他明智起来，从而学会倾听和等待。

洛克小语♡

尽管孩子不应由于繁文缛节受到巨大的约束，但这是人际交往中一种违反礼仪的状况，假如无法在儿童时期及早进行约束，就易于滋生出不良的习惯。

诡辩不值得推崇

真理并非靠浮华的措辞或强行争辩得来，而是需要对事物本身进行充分成熟的考虑方可得到并让人信服。强词夺理的诡辩，有违一个真正绅士或淑女的气度和身份，且不利于孩子的成长和未来的发展。

故事的天空

在小区广场上，6岁的聪聪正在和佳佳"拌嘴"，两个孩子像一对爱斗的小公鸡，你说一句我还两句地"交锋"着。

佳佳说："践踏小草就是不对！"

聪聪大声地说："草地就是让人踩的!"

佳佳说："小草也有生命，老师说对任何生命都要尊重。"

聪聪说："人和小动物有血有肉，知道疼，小草知道疼吗？小草会哭吗？对人才是要尊重的，小草就是可以踩。"

佳佳生气地说："不理你了。"

聪聪扬扬得意地说："说不过我了吧?"

当两个孩子发生争吵时，几个大人也在

场，他们都觉得聪聪太爱诡辩了，有点"拿着不是当理说"。

聪聪妈妈无奈地说："这孩子就是这样，爱和别人唱反调，你说什么他都要反驳，总能搬出自己的一段'歪理'。"

刘爷爷说："这可得管教，照这样发展下去对孩子将来的发展可不好。"

聪聪妈妈也觉得孩子这种喜欢表现自我，爱和人"较劲"的毛病得改改，应尽快想出办法，把孩子引上"正道"。

吕姐爱心课堂

能言善辩，总是爱和别人唱反调，以驳倒他人为荣，是一些孩子的通病。这样的孩子虽然聪明，有主见，但如果不对其进行合理的教育和引导，及时矫正，会影响到孩子将来的前途。在未来的社会，团队合作是主流，懂得求同存异，才会有良好的沟通，才会有好人缘。

约翰·洛克认为："让孩子学会推理的目的是能正确地理解与判断事物，辨别是非真假，而后依据判断去行动，因此不能让孩子在辩论技巧上斤斤计较。"他指出："一种最不诚实、违背绅士或淑女身份的做法，就是不服从明显的道理，不接受明晰的辩论。无论别人的答案或辩解如何严谨缜密，他都是一副誓不罢休的姿态，直到自己取得胜利。世界上有违谈话礼节和辩论目的最无聊的事情莫过于此了。"当孩子习惯诡辩后，就容易把这种爱刁难、闪烁其词的说话方式下意识地运用到日常交际中，给人造成狂傲不羁、自以为是的坏印象。这不利于孩子的成长，当他们成年后，也就难以与人和谐相处，融入到协作的大格局中去了。

喜欢表现自己，以驳倒他人为荣，而并非为了真理，这不适合于一位绅士或热爱真理的人。孩子爱诡辩，原因有很多。其主要因素与先天个性有关，这样的孩子大都较自信，个性强，不肯轻易服输或附和别人。此外，不当的家庭教育方式，也是导致孩子爱诡辩的重要因素。一些家长不注意跟孩子讲正确的道理，而是强调有道理、没道理的都要讲个道理，结果给孩子造成错觉，认为只要驳倒别人，就是真理。还有就是在社会和家庭的日常生活中，成人之间，或者成人与孩子之间发生了矛盾和冲突，成人不虚心接受批评，不能正视自己的错误，明明做错了还不承认，却要用一些"歪理"为自己辩解，孩子耳濡目染，便也学会了强词夺理。

诡辩是不值得推崇的，好的习惯应该是孩子既有主见，又能正确看待和吸收别人的合理意见，并对自己的行为做出相应的调整。这样才能使孩子更好地融入集体和社会。

洛克支招DIY

在具有充分民主自由、爱讲大道理的家庭，孩子容易养成能言善辩、自作主张的行为习惯，但也容易使孩子变得不善于听取他人意见，喜欢争强好胜、强词夺理。因此，在教育孩子时，要把握好讲道理的尺度，让孩子明白讲道理和讲歪理在本质上是不一样的。

● **实事求是，明辨是非**。在平时对孩子的教养过程中，要本着实事求是的态度，做到是非分明，不可给予孩子过多的溺爱和迁就，不要无原则地怨天、怨地，混淆孩子的是非观念。

● **批评孩子要注意立场鲜明**。孩子犯了错误，要及时给予纠正，并且在对孩子进行批评教育时，要表明自己的态度，让孩子更多地关注事情结果的正确与否。不要过多地和孩子纠缠某些细节的问题，以免给他造成"可乘之机"。

● **从小为孩子树立纪律观念和规则意识**。没有规矩无以成方圆，一个理智的社会人应该努力使自己的行为符合社会准则和规范。应从小为孩子树立起纪律观念和规则意识，如上学不迟到，过马路时不闯红灯等，让孩子按照一定的规则活动，没有商量的余地，对就是对，错就是错，没有什么"折扣"可打。

● **虚心听取他人的意见**。要让孩子知道，与人合作的基础是善于吸纳别人的意见。如果一意孤行，不听别人的建议，就会渐渐形成一种思维习惯和处事方式，遇事喜欢以自我为中心，固守己见，强词夺理，导致在同伴中不受欢迎。

● **父母要以身作则**。父母在和孩子发生冲突，特别是犯错误的时候，要勇于进行自我批评，虚心接受孩子的意见，不能为了所谓的面子和权威，为自己据理力争，而给孩子提供诡辩、强词夺理的"榜样"。

洛克小语 ♡

一种最不诚实、违背绅士或淑女身份的做法，就是不服从明显的道理，不接受明晰的辩论。无论别人的答案或辩解如何严谨缜密，他都是一副誓不罢休的姿态，直到自己取得胜利。世界上有违谈话礼节和辩论目的最无聊的事情莫过于此了。

从容自信，落落大方地与人交往

一个在与人交往时显得笨拙、忸怩的人，很难得到人们的喜爱。而那些淡定自若、举止优雅、从容自信的孩子，不仅能赢得大家的欢迎和爱护，并且还会对今后的发展产生积极的意义。

故事的天空

4岁的媛媛站在家门口，迎接着妈妈的好友刘阿姨和她的儿子创创哥哥的到来。当客人进门时，她大大方方地打着招呼，欢天喜地把客人引到沙发上就座。

看到创创哥哥站在鱼缸前盯着游动的热带鱼，她好心地告诫："哥哥，不要太近啦，小心碰头哦！"

所有的人都被她的天真逗笑了，她却一本正经地拉着小哥哥的手，坐在沙发前陪着看电视、吃瓜子。

当看到妈妈洗好水果，媛媛又赶紧帮忙分发，热情地请客人吃水果。相反，大她几岁的创创反倒放不开，显得十分拘谨和害羞，一副极不自然、扭捏的样子。

刘阿姨惊喜地盯着小媛媛，赞道："这孩子真懂事，落落大方，简直就是一个小大人，既礼貌又周到，很会招待客人。"

媛媛妈妈感慨地说："这既有天性的一部分，也是后天培养的结果。"

刘阿姨看着已经8岁的儿子，叹息道："过去没有给孩子打下好基础，养成好习惯，导致孩子在与人交往上显得很不自信，不敢和人打招呼。看似腼腆，其实还是由于没有受到正确的引导所致。"

吕姐爱心课堂

交际能力在成长过程中起着极其重要的作用，在当今社会，人际交往也是一种才能，人脉铸就成功。心理学家卡耐基认为："一个人的成功30%靠才能，70%靠人际关系。"可见，人际交往能力是多么重要，是一种驾驭生活、完善自我的能力。

对于那些在与人交往时显得胆小、羞怯、扭扭捏捏的行为，约翰·洛克认为是一种不良的礼仪表现，他说："一个人在与人交往中，必须充满自信，在不蔑视他人的同时，也不要轻视自己。不管在任何人面前都应表现得从容自如，不可惊慌错乱，对他人要根据地位与身份的具体情况给予尊敬，并保持适当的距离。"

对于孩子时常在长辈或陌生人面前表现出笨拙、忸怩的神态，家长要积极予以引导。一个不自信的人，在与人交往时，其思想、言语和外表会显得手足无措，很难做到淡定自如、举止优雅，从而也会给他人留下不好的印象。

心理学家分析，孩子胆小、不自信除了先天性格的因素外，后天教养方式也是一个重要原因。因此，应多给孩子创造交往的机会，宽容孩子的不足，鼓励孩子独立思考、大胆表达，消除畏难情绪。只要家长掌握了科学的教育理念，方法得当，耐心引导，就一定能培养出自信活泼、落落大方与人交往的孩子来。

洛克支招DIY

在竞争日益激烈的今天，如何让孩子学会从容、自信地与人交往，在待人接物时有自然得体的表现，是每个家长需要解读的课题，应从小对孩子进行正确的引导和训练。

● **鼓励孩子和他人交往**。孩子越是缺乏与人交往的经验，在人前就越难表现得从容、得体、落落大方。因此，平时要多给孩子提供交往的机会，鼓励孩子广交朋友，让他们体会与人交往的快乐。这有助于孩子树立交际的自信心。

●**不要指责孩子的怕羞**。对于怕羞、不敢与人交往的孩子，父母不要指责，也不要在别人和孩子面前议论他的胆小怕羞，或是强迫孩子做他不愿意做的事情。如果这样就会大大伤害孩子的自尊心和自信心，使孩子更加怕羞，产生负面效应。正确的做法是要安抚孩子的情绪，帮助他适应和熟悉环境。只有在安全、宽松的氛围里，孩子才有可能放松下来。

●**让孩子事先有充分的准备**。胆小、怕羞的孩子，往往对新环境的适应能力比较弱，所以，带孩子出门前，应事先告诉孩子，要到哪里去，去干什么，见什么人，那些人叫什么名字，等等。让孩子事先有个心理准备，以使他们到达新的场合、遇到陌生的人时，不至于因太过陌生而感到紧张、害怕。

●**多带孩子走出家门**。让孩子接触万事万物，多参加一些集体和社交活动，如亲朋好友间的迎、送、宴、请，以及成人的社团活动等，都可以开阔孩子的视野。孩子见多识广，自然就会放开自己，变得勇敢自信，从而使人际交往水平获得提高。

●**要有足够的耐心**。教育孩子举止优雅、落落大方，不是一朝一夕的事情，因此父母不能操之过急，而应考虑孩子的生理、心理状况，给予孩子更多的耐心，相信孩子一定能够提高交际能力，从容自若地与人交往。

洛克小语 ♡

> 在与人交往时显得胆小、羞怯、扭扭捏捏的行为，是一种不良的礼仪表现。

第四章

知识与学问，造就博学多才的绅士淑女风范

良好的绅士与淑女风范，离不开丰富、广博的知识和学问。约翰·洛克认为，对于一个绅士或淑女来说，知识和学问是必须要具备的，一个心智健全的人所具有的学问对德行和智慧都有着非常大的辅助作用。

学问不是最重要的

> 人们在谈到教育时，几乎都只是想到学问这一件事。知识与学问的确必不可少，是一定要教给孩子的，但这并非是教育最主要的、唯一的工作，它只能作为培养孩子良好道德品质的臂膀。
>
> ——约翰·洛克

🕐 阅读时间：<u>30</u> 分钟　　🎓 受益指数：★ ★ ★ ★ ★

别让孩子背上学习的"包袱"

孩子并非对学习有着天然的抵触，而是错误的教育方式所致。因此家长绝不能让学习成为孩子的负担，应采用正确的方法来教导孩子，使他们从心底对学习产生浓厚的兴趣，随后孩子自然会主动自觉地用功了。

🧒 故事的天空

客厅里，青青妈妈正同好友杨苹聊天，杨苹说："青青的作业很多吗？"她指着端坐在自己小房间里做功课的6岁的青青说。

青青妈妈说："不多，不过我得给他加加码儿，多做点功课总不是坏事情。"

杨苹关切地说："可不能把孩子变成学习的机器呀！"

青青妈妈却不

以为然："学习就得靠勤学苦练，要不成绩怎么能上得去？"

杨苹用手指轻轻戳点着好友的额头，说："看来，你还真够凶的，对孩子一点也不肯放松。"

青青妈妈笑着说："放松？今天你对他放松，日后他可就不轻松了。"

杨苹若有所思地说："学习应该是一件有趣的事情，可如果方法不得当，把孩子搞得十分紧张，背上学习的包袱，就会适得其反。别说让孩子爱上学习，没准还会对学习产生厌倦或惧怕情绪呢！"

青青妈妈听后，觉得这问题还真挺严重的，于是求教老友给支支招。

杨苹走到青青身边，和蔼地和青青交流，在一问一答中，让青青妈妈领悟到了儿子的内心世界。没想到这个小小的人儿，心思还是蛮多的，他真的对学习有些恐惧了，准确地说是对严厉的妈妈产生了恐惧。

当青青一身轻松地去外边玩耍时，两个大人很认真地探讨交流起如何管教孩子的话题。

吕姐爱心课堂

孩子的天性是不愿意被人支配的，即便是在学习上，也同样如此。许多父母对孩子的学习极为关注，生怕孩子输在起跑线上，于是把学习当作孩子生活中唯一的、头等重要的事情紧抓不放，孩子当然有压力和苦恼了。

约翰·洛克说："家长应当精心选择合适的方法来教育孩子，绝不能让学习成为孩子的负担，也不应该将其当作任务强加给孩子，否则，孩子一定会讨厌学习。哪怕原来孩子喜欢学习，一旦他意识到学习成了自己的一种负担，他们就会感到厌恶。"

其实，孩子天生是喜爱学习的，他们对这个未知世界有着强烈的好奇心和探索欲望。只是由于一些家长错误的教育方式，导致孩子视学习如猛虎，学习成了孩子难以背负的沉重"包袱"。

孩子想学画画，家长偏逼迫孩子去读书；孩子想看完课外书再写作业，父母却要求他们必须先做功课；为了孩子能成龙成凤，把他们整日禁锢在小书桌前。这种把读书当成孩子的工作或任务，勉强孩子去做的方法，只会令孩子感到学习是一件不得已的苦差事，造成孩子对学习产生厌恶感。

自愿是学习的最佳境界。孩子只有对他所希望去学习的东西从心底产生了浓厚的兴趣，才会主动自觉地去用功。

孩子在兴致高涨的时候，学习的积极性和效率会大大提高。这时父母应采用正确的教育方式，让孩子在轻松愉悦的心境中自觉自愿地主动学习。

●**不要给孩子过大的压力**。要考虑到孩子的天性，照顾他们的情绪，尽量不要按照成人的规则去要求孩子，更不能对孩子给予过高的期望，而不断施压。这不仅会破坏孩子成长发育的正常规律，还容易伤害孩子学习的积极性，使孩子产生厌学心理，从而失去学习的兴趣。

●**让孩子做自己喜欢的事情**。兴趣是孩子最好的老师，只有孩子自己感兴趣了，他才能主动自觉地去探索、求知。所以，父母应该尊重孩子的意愿，因势利导，保护童心，而不应以成人的兴趣和爱好来强迫孩子去做他们不喜欢做的事情，增加孩子的压力和负担。

●**减少对孩子的催促**。即便是孩子感兴趣的事情，当他们在没有主动去做这件事情的时候，也应该少催促他们去做。如孩子喜欢画画，可有些时候也会对此感到乏味，这很正常，成人也常常会有这种心理。如果此时家长勉强孩子去做，或让他们做得时间太长，就会使孩子感到厌倦。这样一来，兴趣也演变成了孩子的负担。

●**摒弃粗暴的教子方式**。粗暴的教育方法无法真正说服孩子的内心。在学习和智力培养上，斥责和打骂只能增加孩子的学习负担，让孩子反应更加迟钝，对学习产生厌恶感。这时父母应摒弃粗暴的教育方式，及时体察孩子的心情，多替孩子考虑，善于利用他们兴致的变化，抓住时机进行及时教育，引导孩子心服口服地去学习。

●**多给孩子鼓励**。鼓励和表扬，会使孩子得到荣誉上的满足，孩子的学习劲头也会明显提高。因此，父母不妨多给予孩子一些鼓励和赞美，这样，他们才会对学习更加充满激情，并乐于接受父母的指导和教诲，积极配合家长来完成教育任务。

洛克小语 ♡

绝不能把读书当作孩子的任务或工作，也不能变成他们的一腔烦忧，否则，孩子一定会讨厌学习。

游戏，孩子爱上学习的催化剂

游戏是孩子最自然、最有效的学习方式，是促进孩子身心全面发展的重要手段。因此家长应充分发挥它的教育作用，使学习与游戏有机地结合起来，引导孩子在游戏中获取经验，增长知识。

故事的天空

星期天，在郊外的小河边，5岁的东东正撅着小屁股挖河泥，河岸边的一坨坨河泥很丑陋地堆在那里。

东东妈妈坐在柳树的树荫下，欣赏着儿子"潇洒"的动作，大声地喊道："宝贝，用泥巴'写'几个字吧。"

东东直起腰，回头问妈妈："写什么字啊？"

妈妈说："就写'一帆风顺'吧。"

东东从河里挖出一块泥巴，很快就把"一"字写成了。

刚巧，这一幕被走过来的佳佳母女看到了。佳佳妈妈对东东妈妈说："可真有你的，就是玩都不忘了学习。"

东东妈妈自豪地说："玩，也是一种学习。"看佳佳妈妈不相信的眼神，她就把自己的教子经和盘托出了。

佳佳妈妈听

后，像找到了救星一般，说："看来，游戏非但不会荒废孩子的学习，还是一种催化剂呢！"

东东妈妈说："可不是嘛，只要方法得当，趁他们高兴劲儿，学习起来效果自然好，远比逼着他们去学习要好得多呢。"

佳佳妈妈用手一推自己的女儿，鼓励道："和哥哥一起玩泥巴去吧。"

佳佳早就跃跃欲试了，听妈妈这么一说，赶紧脱掉鞋子，挽起裤腿，下到河里挖泥，她要用泥巴在河滩上"写"出自己的名字。两个小家伙还要比试一下，看谁"写"的字多呢！

吕姐爱心课堂

约翰·洛克表示，要让孩子学习的知识都能够从游戏中得来。他说："孩子比大人更不喜欢懒惰，孩子喜好忙碌的脾气假如无法用到有益的事情上，这是应当指责大人的。如果大人能给予孩子正确的引导，那么很多有益的事也可以变得像玩游戏一样愉悦。"

是的，游戏是孩子的天性，也是他们学习和生活的一种动力。如果家长能利用游戏来引导孩子学习，他们非但不会感到枯燥，反而会爱上学习，主动接受新的知识。对于孩子来说，学习和游戏之间没有明确的界限。

孩子对游戏的要求是随着生理、心理的发展而产生的。在游戏中，他们能够运用已经掌握的知识和技能，积极开动脑筋，发挥丰富的想象力，去思考和解决游戏中出现的问题和困难，以争取游戏的胜利。游戏本身就是一种学习，通过游戏，可以使孩子认识周围环境，适应生活，学习知识。所以，不要把孩子的游戏视作影响学习的障碍，这是他们认识生活、认识人际关系以及学习对待事物态度的一种独特的方式，更是一种简单有效的教育手段。所以，家长一定不要轻易放弃利用孩子的这一天性来引导他们学习。

孩子是在游戏和玩耍中一天天长大和进步的，他们在游戏中获得快乐，好奇心在游戏中得到满足，想象在游戏中得以实现。因此家长没有必要对孩子"贪玩"忧心忡忡，而是要因势利导，让孩子在游戏中变得更聪明，并且因此而爱上学习才是问题的关键。

洛克支招DIY

每一个孩子都喜欢游戏，游戏对于促进孩子的智力发展和身心健康，具有不可低估的重要作用。因此，家长应充分利用它的教育功能，引导孩子在游戏中学习和掌握新知识。

● **趣味骰子**。只要家长有心，到处都是学习的教具，小小的骰子，就可以有很多种玩法。如在骰子上粘贴字母或汉字，和孩子玩识字游戏。或者利用骰子上的点，让孩子学数数，练加减法，都会让他们在轻松愉悦的游戏氛围中学习知识。

● **识字扑克**。小孩子对卡片、扑克都很感兴趣。因此，父母不妨制作一些识字卡片，和孩子一起玩打扑克游戏。如妈妈出一张，并念出这个字，孩子再出另一张，同样把卡片上的字读出来。直到每个人都把手里的识字卡出完，然后洗牌，开始下一轮的游戏。

● **找字比赛**。将孩子认识的字卡都摆在地板上。妈妈做裁判，说出识字卡中的一个字，让爸爸和孩子一起开始找，谁最先找到，谁就获胜。妈妈记下每个人赢的次数，游戏结束时奖励最终获胜者。最好让孩子多赢几次，以此来激发他学习的积极性。但也要适当让孩子输几次，以培养孩子的挫折感。

● **捉迷藏**。捉迷藏是孩子喜欢的一种游戏，把它用在识字教学上，同样能调动孩子学习的积极性。如把写有猫、狗、鸟、鱼，甚至喜羊羊、灰太狼、孙悟空、猪八戒等字词的识字卡片，分别放在室内的床上、椅子下、窗台、门后、电视旁等地方，告诉孩子这些小伙伴就藏在我们家里，让孩子去寻找。孩子找到后，说对了卡片上的字词，就给予奖励。

● **扔扣子**。准备一些扣子和一个硬纸盒。将纸盒放在地板上，在地板上画一条线，让孩子站在线后往硬纸盒里扔扣子。当所有的扣子扔完后，数数盒子里一共有多少颗，记录下孩子的成绩。然后，将所有的扣子放在一起接着玩，看孩子最多能扔进多少颗扣子。也可以和父母交替进行，看谁的命中率最高。这个游戏可以促进孩子手眼协调性的提高，加深他们对数的认识和理解。

洛克小语

对于孩子来说，学习和游戏之间没有明确的界限。我们不妨教育孩子这样一种技巧：把自己应做的事情都变得像游戏般轻松有趣。假如能够让孩子把学习看作游戏，或者看作是一种消遣，那么孩子就不至于为学习而烦恼了。相反，他们会从中体验到学习的乐趣，从而就会自觉自愿地去学习了。

不妨让他尽情玩个够

贪玩是大自然赐予孩子的天性，不妨给予鼓励，让他们尽情玩个够。待孩子玩的欲望得到满足，甚至因"玩"而生厌时，就会主动向父母寻求解除"枷锁"的方法，并乐于接受父母安排的新任务。

故事的天空

5岁的倩倩最近迷上了抛沙包、接沙包的游戏，她玩起来甚至可以不吃饭，至于学习就更别提了。每当妈妈要求她坐下来学习一会儿时，她总是小嘴一噘，甩出一句："没看我忙着吗？"

为此，母女俩没少闹矛盾。拿孩子没办法的倩倩妈妈逢人就诉苦，说孩子难管教，打不能打，骂不能骂，哄又不听。

有一天，倩倩妈妈在大街上遇到老同学刘燕，谈起孩子，自然又是一番诉苦。

刘燕笑着说："这有什么难的，干脆就让她玩个够好了，等她厌烦到极点，自然乖乖来求你了。"

倩倩妈妈嘴巴张得好大，惊讶地说："还有这种事儿？哪个孩子不喜欢玩呢？"

倾情解读约翰·洛克卓越教育

刘燕打着保票说："不管用你来找我！"

不信归不信，倩倩妈妈还是决定回家试验一下，就算是"死马当活马医"吧。

等把女儿从幼儿园接回家，她便说："咱们读一读《小猫钓鱼》吧。"

倩倩立即摇头道："不，我还没玩沙包呢！"说完，抓起沙包就要跑开。

妈妈一反常态地说："既然你喜欢玩沙包，不妨尽情玩个够吧，从今天开始，你每天必须玩一小时，玩不够时间不许看书，也不许吃饭。"

倩倩好不高兴，开心地玩了起来。当她玩累了，想歇一会儿时，妈妈立即走过来，要求她不许停，倩倩只好继续玩沙包。就这样一连几天，倩倩果真像刘燕说的那样，对妈妈给她制订的"任务"厌倦起来，不得不举手投降，乖乖地主动要求学习了。

🧑 吕姐爱心课堂

很多家长都为孩子贪玩苦恼，其实，爱玩是孩子的天性，完全符合他们正在成长的年龄特征。家长不仅不能剥夺孩子玩的权利，还应该给予支持和鼓励，让孩子身心愉悦地健康成长，这样做比对孩子采用任何先进的方法进行教育都重要。

孩子爱玩，是因为他们喜爱不断变换花样，喜爱自由自在。懒散是孩子的天性所憎恶的，无论游戏还是学习，只要能让他们有事可干，且给他们带来愉悦和快乐，孩子都是乐意接受的。约翰·洛克对孩子的游戏和学习有着自己独到的见解，他说："假如孩子还无法在学习中找到乐趣，就应容许他去玩他喜爱的游戏，让他尽量玩个够，玩到他不再渴望去玩游戏为止。"当孩子玩到兴致全无时，自然会对新的目标感兴趣，此时安排孩子去学习，他就比较容易接受了。

有些家长看到孩子贪玩，便采取高压手段，运用禁止的方式予以解决。殊不知，孩子是有逆反心理的，对于被禁止的事情，反而会产生兴趣，增加欲望。结果是大人越禁止，他越千方百计地去做。不如索性让他把大人希望他少做的事做够，这样，就可以不用再担心他总是想着去做这件事了，反而利于他们接受父母安排的学习任务了。

👧 洛克支招DIY

孩子爱玩本没有错，但适当地安排孩子学习也十分必要。如果孩子一味地贪恋玩耍，而置学习于不顾，那么家长就应反思一下是不是采用了不合理的教育方式。玩耍既可以作为奖赏，又可以作为惩罚。只要方法得当，掌握好火候，孩子一定会跟随着父母的指挥棒转的。

●**强迫孩子玩他喜欢的游戏**。如果孩子痴迷于某一个游戏，不要禁止或惩罚他，而要让他尽情地玩个够。不过要给他制定规则，使游戏成为他的任务和工作。规定他每天玩多长时间，或达到什么程度，如果玩不够时间或达不到某个程度就要受到相应的惩罚。

●**时时进行监督**。除了让孩子尽情玩耍，还要经常在一旁对他进行监督，不能让他在玩中"偷懒"，想玩就玩，不想玩就不玩。孩子喜欢自由自在地玩耍，这样一来，游戏反成了他们的负担，自然很快就会产生厌烦心理了。

●**把学习当作娱乐和奖励**。孩子的所有行为，只是为了让精力有地方发泄，所以无论游戏还是学习，只要有事可干，孩子对于事情本身不会有所偏颇。因此，不妨把学习当作在规定时间内完成游戏以后的奖励，如完成一小时抛沙包后，奖励他识字，或在规定的时间内将电子游戏打通关后，奖励他读书。这样，学习就变得格外有吸引力，成了一种娱乐和享受，孩子自然不会拒绝了。

●**给孩子留有余兴**。当孩子在学习或做其他有益的事情，如绘画、弹琴、跳舞时，一定不可使他们过于疲倦，应在他们感到疲倦以前就让他们停下来休息，或转向做另一件事，给他们留点余兴。这样孩子才不会对这件事感到厌烦，存有下次再做的兴趣。

洛克小语 ♡

　　孩子爱玩什么游戏，就让他尽情玩个够。只要使他过度的欲望得到了满足，让他把你希望他少做的事情做够，自然而然他就会对这件事产生厌烦的心理。从此之后，你就不用再担心他总是想着去做这件事了。

倾情解读约翰·洛克卓越教育

让孩子当你的小老师

　　说到知识的掌握和能力的培养，没有什么比让孩子做你的小老师更好的了。它能巩固孩子所学过的知识，大大提高孩子的学习兴趣。在这种相互学习，一起往前走的过程中，可以使家长与孩子达到双赢。

故事的天空

　　6岁的嘟嘟最喜欢的游戏就是当"老师"，他总把一群"小不点"召集在一起，让他们坐在地板上，然后开始给大家"上课"。

　　他的父母正是借助儿子这一"嗜好"，甘愿做起了他的"学生"。

　　有一天，妈妈拉住从幼儿园回来的儿子的小手，说："儿子，妈妈也想学习，可是没有老师怎么办呀？"

　　嘟嘟站在那里，转动着大眼睛，想了半天，觉得也很为难。

　　妈妈乘机说："要不，你给妈妈当老师吧？"

　　嘟嘟为难地说："我不行，我不会教妈妈呀。"

　　妈妈鼓励道："你就教妈妈你在幼儿园里学到的东西嘛。"

　　嘟嘟觉得自己能胜任，就开始做起了小老师。每天吃过晚饭，小家伙抓紧做完作业之后，就开始给妈妈上课，还把爸爸也拉了

进来。父母十分配合小老师的"工作"，很认真地和他一起大声朗读着"大、小、上、下……"

通过当小老师，小家伙不仅把自己的功课重新温习了一遍，大大提高了学习成绩，还从中找到了自信，且学习的积极性也越来越高，喜欢上了学习。

吕姐爱心课堂

让孩子当小老师，虽然有游戏的成分，但是却能使孩子巩固所学过的知识，并使他们爱上学习，养成积极向上的好习惯。

约翰·洛克也十分赞同这种以孩子为师的教育方式，他主张"父母可以试着和孩子交换一下教和被教的地位，让孩子站在教方的立场，这会大大提高其学习的欲望"。他还指出："家长要是希望孩子把自己所掌握的知识记牢，希望鼓励他不断进步，那么让他去教别人是最有效的方法。"

的确，让孩子做父母的小老师值得推崇，这是一种高效优化的学习方法。心理学上有个规律：听别人讲一遍得到的知识，只能记住5%～15%；手脑耳眼并用学来的知识，能记住30%～50%；而给别人讲一遍，教会别人的知识，自己能记住90%以上。

由于孩子要把所学的知识讲给父母听，他在上课时就会认真听讲，并且想办法搞清楚其中的每一个细节。孩子给父母"讲课"的过程，其实就等于是一个复习的过程。温故知新，这对他们知识的吸收和掌握大有裨益。最重要的是，在当小老师的过程中，他们可以体验到一种乐为人师的满足，以及获取知识的喜悦。这些愉悦的情绪，会促使孩子的学习兴趣越来越浓，越学越有劲儿。

除了知识的掌握以外，做一个小老师还能提高孩子的责任感和自信心，且对孩子的专注力、理解力、语言表达能力以及与人的交往沟通能力等，都有很大的帮助和促进作用。家长不妨经常让孩子过把"老师瘾"，这样用不了多久，你就一定会在孩子身上发现令人惊喜的变化。

洛克支招DIY

让孩子当小老师，不仅能提高孩子的学习兴趣，还能促进家长和孩子的沟通，加深感情，会让他们更加热爱学习，对学习更有自信。

●积极地给孩子当学生。父母要积极配合孩子，主动给孩子当学生。只要坚持下来，孩子的学习主动性自然就会提高。当孩子讲解的时候，一定要认真听讲，千万不要做出一副不冷不热的样子，一旦他们发现父母不认真，便会认为父母不愿意听讲，于是会主动放弃的。

●**虚心向孩子学习**。孩子讲完课之后，父母可以做出一副虚心的样子向孩子请教，这会极大地鼓舞孩子，使他们更加乐意倾其所学地"传授知识"。如果孩子回答不出来，也不要直接告诉他答案，而是应启发孩子自己从书本中寻找答案，或让他们在第二天上学的时候去请教老师，再回家教给父母。

●**不要责备孩子的卡壳和失误**。当孩子在"讲课"的过程中，出现卡壳或教授有错误时，家长不要批评和责备孩子，这会伤害他们的自尊心和自信心，并且也会对给家长当小老师失去兴趣。

●**应给予小老师尊重**。孩子在教授的过程中，难免会有很多失误和不合理的安排。这时父母应对小老师给予尊重，不要总是打断孩子，提出自己的意见、建议，或者告诉孩子该怎么做，而是应在孩子讲完课后，和他一起讨论如何改进授课方式。一定要记得先给予孩子肯定和鼓励，再提出合理化建议，这样能使孩子更容易接受。

洛克小语 ♥

　　家长要是希望孩子把自己所掌握的知识记牢，希望鼓励他不断进步，那么让他去教别人是最有效的方法。

被动授课，莫如让他自主求知

一味地强行灌输，只能让孩子被动地接受。而引导孩子自己去发现、去探讨、去推论，才能不断激发他们的学习动机。这样获得的知识，也更容易让他们记牢和掌握。

故事的天空

周末的西郊热闹非凡，在半山腰处，4岁的洋洋坐在树下，正在听妈妈"讲课"，手捧书本的妈妈不时停下来提着问题，洋洋总是摇着头，表示听不懂。

对儿子的不争气，妈妈也有些不耐烦了，说："看你笨的，这么简单的道理都不懂，就知道玩玩玩。"

洋洋一声不吭地盯着地面。

妈妈以为他在听自己的训导，可是看他脸上挂着笑，便向地面看去。地上除了碎石块，就是老树根须，并没有什么吸引人的地方。

这时，洋洋突然蹲下来，用小手去抠树根下的褐色的小石子。

洋洋妈妈觉得地上脏，命令道："快起来，继续学习。"说完伸手去拉儿子。

这时，滔滔妈妈领着儿子过来了，看到这一幕，便问："这是怎么了？"

洋洋妈妈见是老邻居，说："这孩子，一天到晚就知道玩，让他学习一会儿还分神不好好听。"

滔滔妈妈说："不要小瞧孩子的玩，那也是学习呀！"

洋洋妈妈不解地问："玩能学到什么？"

滔滔妈妈说："强行灌输不如让他自己去观察、去揣摩，只要我们引导得好，孩子就能在愉快的探索中自行学到好多知识呢。"

这时，滔滔已经拉着洋洋去看瀑布了，他们一边戏水，一边研究瀑布的源头，讨论着这水好不好喝、流到哪里去等问题。

滔滔妈妈说："看，他们这不也是在学习吗？"

吕姐爱心课堂

约翰·洛克提出，学习的根本目的"不是要使孩子精通任何一门科学，而是要打开他们的心智，装备他们的心智，增加心智能力"。他认为："培养孩子热爱知识、尊重知识的态度，让孩子学会正确的思考，学会自主求知，远比让孩子多知道一些知识更有价值。"许多家长觉得让孩子知道的知识越多越好。事实上，家长对孩子的教育并非是要将世界上的全部知识都教给孩子，而是应正确地引导孩子尊重知识、探索知识，让孩子在必要的时候可以主动自觉地采取恰当的办法去求知，进而提高自己。这才是教育的目的，也是最正确的方法。

在生活当中，有一些孩子并非关门死学或苦读，却能轻松获得好的成绩。究其原因，皆源于自己主动去掌握各种知识，而且觉得学习对自己非常重要，愿意为之付出努力的结果。可以说，这样的孩子往往具有强烈的学习动机，这也是他们取得好成绩的核心原则。这不是天生，而是父母最初正确引导的结果。

孩子的特点是好奇心强，并且有很强的求知欲望，只要父母能正确引导，就能使孩子对学习产生浓厚的兴趣。因此父母要善于用生动形象的语言、启发性的提问等引导孩子去主动学习，从而对学习产生兴趣。因此，父母应多给孩子创设相应的环境，使他们在解决问题的过程中积极思考，在动手、动脑、动口的过程中懂得如何学习，从而培养其主动获取知识的能力。

"授人以鱼，不如授人以渔"，要想让孩子爱学习，学会学习，必须教会孩子正确的学习方法，培养他们的自主学习能力。这才是孩子一生受用不尽的财富。

●**相信孩子的自我教育。**孩子天生有自我教育的能力，家长不要一味地向孩子灌输，逐一地去教他，告诉他如何做，而是要相信孩子会自发地将学到的概念应用到生活中，让孩子自己去发现、去经历、去享受美好的成就感。

●**从孩子的兴趣出发。**兴趣是最好的老师，没有什么比兴趣更能让孩子主动自觉去探索求知。家长应从孩子的兴趣出发，只要孩子喜欢做的事情，就要支持他们。每一种令他们感兴趣的事情，都能促进他们的认知和发展。

●**为孩子提供学习的环境和机会。**为了促进孩子自主求知，学习的环境、材料和机会都是必不可少的。如为喜欢画画的孩子提供彩笔、纸张，为爱读书的小朋友准备他们喜欢的图书，带喜欢音乐的孩子去听音乐会，给喜欢动手的孩子提供做手工的材料和工具等。让孩子在丰富多样的学习环境中，通过亲手操作和尝试，来丰富自己的探索渠道，从而激发内在的学习动机。这远比向孩子硬性灌输得来的知识深刻得多。

●**鼓励孩子大胆尝试与探索。**当孩子进行自主学习时，父母应给予尊重和保护，并且要鼓励孩子大胆探索尝试，引导孩子自己去发现、去探讨、去推论。给孩子讲的应该尽量少些，而引导他们自己去发现的应该尽量多些。

洛克小语 ♥

对孩子的教育，并非是要将世界上的全部知识都教给孩子，而是应当正确地引导孩子尊重知识、探索知识，让孩子在必要的时候可以主动自觉地采取恰当的办法去求知，进而提高自己。

顺应天赋，更能使才智倍增

每一个孩子都有自己的天赋潜能，及早发现和挖掘孩子的兴趣特长，并给予正确的引导，可以使孩子的天赋优势得以最大化地发展，从而达到事半功倍的教育效果。

故事的天空

当雪玲来到同事姚姐家时，第一个跑来迎接她的是3岁的月月，小嘴里甜甜地叫着"阿姨好"，还拉着她的衣角把她让到沙发上。

姚姐赶紧把女儿拉开，对雪玲歉意地说："刚玩完橡皮泥，手很脏的。"

雪玲这才注意到，小家伙的小手油乎乎的，脸蛋上还粘着一点儿绿色的橡皮泥碎屑呢，更加显得可爱。

姚姐对女儿说："好了，赶紧去鼓捣你的那些'泥巴'去吧。"

月月"咚咚咚"地跑到阳台上，继续她的"工作"去了。

雪玲下意识地摸摸自己微微隆起的腹部，说："趁今天休息，好好向你取取经。"

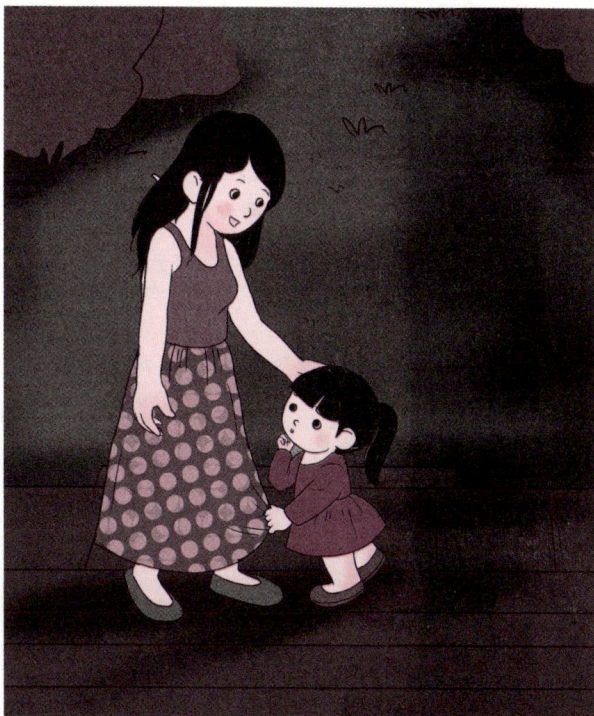

姚姐把洗好的苹果递到雪玲手上，开始传授起经验来。特别是谈到如何教子上，她有些兴奋地说："我觉得，一定要顺应孩子的天赋，他爱好什么，就要及时给他提供必要的条件。只有孩子爱学，才能学得进去。"

雪玲一边嚼着苹果，一边看她兴奋的表情，乐不可支地说："我发现，只要一提到月月，你就幸福得有些忘乎所以了。"

姚姐抬手拢拢头发，说："那是，等你当了妈妈就有切身体验了。"说完，转身去阳台把女儿的泥塑作品端了出来，一一摆在雪玲面前。

雪玲面对眼前五颜六色的各种造型有些惊呆了，欣喜地看看这个，摸摸那个，由衷地赞道："真不敢相信是出自一个3岁孩子之手。"

姚姐说："这就是孩子的天性，如果当初没有发现她这个兴趣，我就准备让她学钢琴了。结果是她就喜欢看人家做手工，尤其是看到街上卖泥人的，就站在那里不动了，小手还不由自主地想去摸摸。"

雪玲频频地点着头，觉得姚姐做得很好，表示等今后有了小孩子，得让她给参谋参谋，看小家伙有什么天赋，可别错过教育孩子的最佳时机。

🙂 吕姐爱心课堂

人的天性存在差异，精力也是有限的，不可能什么都能做。可是，当今的父母觉得自己的孩子就是一张白纸，只要父母绘就蓝图，他就能按照父母的意愿去发展。这是教育的误区，也是对孩子的不尊重。

约翰·洛克认为："教育最好是在一个人天赋的基础上，最大限度地去发展他的才智。"人的天性是很难改变的，当然通过教育可以有所转变，但要想彻底地改变是很难的。最佳的教育应该是顺应孩子的天性开启天赋，使孩子的天赋优势得以最大化地发展。

每个孩子在各自的领域里，都潜藏着不尽相同的天赋，而这些天赋就是他们未来成功的动力源和阶梯。家长要善于发现孩子的天赋潜能，并在第一时间去引导，一旦孩子在某种领域能够做到举一反三、教一识百、融会贯通、匠心独运，就说明已经发掘到属于他自己的天赋领域了。

发现自己孩子的天赋与才能，然后加以挖掘培养，对于家长和孩子来说，都是一件幸事，都会有充满愉快的成就感。所以，父母要慧眼识珠，并顺应孩子的这一份"天赋"，多支持、多鼓励、多引导。这样既能使教育达到事半功倍的效果，又能令孩子乐于接受来自父母的指导，并心甘情愿地去努力。

倾情解读约翰·洛克卓越教育

洛克支招DIY

每个孩子都有成为天才的可能，只是他们的天赋方向各不相同而已。准确地发现和挖掘出孩子的天赋特长，是决定一个人成败的关键。

● **悉心发现孩子的天赋**。孩子的天赋潜能，就像一个神秘的宝藏。如果这个宝藏终生被埋没，未曾开采，这将是一件很可惜的事情。因此，家长要做一个有心人，只有发掘出孩子的闪光点，才能引导他们发挥其天赋潜能，并使其最大限度地被开发利用。

● **在不断尝试中寻找孩子的天性和才能**。为了更好地捕捉到孩子的天赋潜能，在生活中要为他们提供各种机会，多方面进行尝试。如绘画、唱歌、跳舞、乐器、运动等，都让孩子试一试，只有这样，他们潜在的天赋才能有展露的机会。

● **优先发展孩子的天赋潜能**。家长有责任对孩子的能力扬长避短，优先发展孩子的天赋。如为有绘画天赋的孩子提供相应的美术材料和工具；让喜欢音乐的孩子多接受音乐的熏陶；孩子有运动天赋，也要大大地给予支持和鼓励。这些都能帮助孩子更好地发挥自己的天赋潜能，并使他们更加充满自信。

● **为孩子创造表现天赋的机会**。发现孩子的天赋潜能后，父母还应多为他们创造表现的机会，如通过游戏、活动等丰富多彩的形式，不断地激发孩子的潜能，使他们不断丰富经验，树立信心。

● **给予孩子激励和赏识**。在因势利导培养孩子的天赋上，父母应多给他们鼓励与赏识。这种对孩子的肯定和赞许，是他们不断前行的不竭动力。会让他们更自信、更努力。

● **别把父母的想法强加在孩子身上**。父母要尊重孩子的天赋特长和智力特点，不能以成人的眼光或根据自己的意愿，强迫孩子去做他们不喜欢的事情。这样的教育不但事倍功半，而且很可能把孩子的天赋潜能埋没掉。

洛克小语 ♡

> 教育最好是在一个人天赋的基础上，最大限度地去发展他的才智。

做足绅士淑女的功课

博学多才，更能体现出一个人的绅士风度。父母不仅要让孩子通过多方面的学习、研究获得知识，增长学问，发展智力，还要教给他们各种技能和技巧，为塑造绅士淑女风度打下坚实的基础。

——约翰·洛克

阅读时间：<u>30</u> 分钟　　　　受益指数：★★★★★

培养孩子爱上阅读

从小培养孩子的阅读习惯非常重要。阅读能力形成得越早，对孩子的综合发展效果也越好。因此，家长应帮助孩子养成良好的阅读习惯，让他们的思想和身体一起快速成长。

故事的天空

清晨的第一缕阳光从窗口照射进来，5岁的涵涵像上足了发条的小闹钟，准时从被窝爬起来，把放在床头柜上的童话故事书拿在手中翻着，等待妈妈一起来晨读。

妈妈端着一杯水走了进来，先让女儿喝上几口润润嗓子，然后母女俩坐在一起，开始了她们的晨读时光。

刚大学毕业的小姨听到她们的读书声，蓬松着头发，揉着惺忪的睡眼走进来，说："你们可真用功，至于吗？又不需要考试。"

姐姐笑着对妹妹说："当然不需要考试，关键是要给孩子一个好的习惯，让她从小爱上阅读。"

妹妹见她们如此认真，就说："那就不打扰了，我先去梳洗梳洗。"然后退了出去。

倾情解读约翰·洛克卓越教育

20分钟的晨读结束了，涵涵跑到洗漱间开始刷牙洗脸。

姐妹俩一起准备早餐时，又聊起了这个话题。妹妹总觉得孩子太小，没必要搞得如此正规，他们可是正贪玩的时候，能有什么作用呢？

姐姐说："好多习惯都是在很小的时候打下的基础，安排孩子阅读，对她来说也是一种情趣，孩子一天到晚玩耍也会感到无趣的，穿插着安排一些学习，她还很乐意接受呢，时间一到，她就会主动去做了。"

看到外甥女快活的样子，妹妹觉得姐姐真有两下子，心里盘算着，以后自己有了小孩子，可就有现成的顾问啦。

吕姐爱心课堂

从小安排孩子阅读是很有必要的，这样可以让孩子养成阅读的良好习惯，喜欢上读书。在这方面，约翰·洛克的经验是："应在可能的范围内，引导孩子去阅读，但不能将此当作孩子的任务。"

对于学前阶段来说，孩子的主要任务当然不是学习。阅读的目的也不是让孩子认识多少字，学到多少知识，而是给孩子养成一个良好的学习习惯。因为，一个人的阅读能力不是与生俱来的，需要后天的培养和自我训练。幼儿时期是养成良好阅读习惯的关键期，通过亲子阅读，可以让孩子享受到阅读的乐趣，真正地喜欢上阅读，并把这种愉快的经验延伸到未来的成长阶段。

书是孩子的良师益友，通过读书，能够帮助孩子认识世界，扩大孩子的知识和视野，对他们的语言、理解等多方面的智能发展起到推动作用。阅读不只是增长知识的手段，还能够启迪孩子的心灵和智慧，让他们的生活充满色彩，并学会享受思考的乐趣。所以，家长一定要引导孩子从小养成爱读书、读

好书的习惯，为他们日后的学习、生活打下坚实的基础。

洛克支招DIY

读书是一种良好的阅读习惯。一旦养成，便可成为个人的宝贵财富，终身使用不尽。所以家长要在家庭教育中，逐步引导孩子走上快乐的阅读之路。

●选择适合孩子读的书。让孩子喜欢阅读，一定要选择适合他们阅读的书，这是引导孩子阅读的重要环节。只有这样，他们读起来才能津津有味，并乐于接受。如那些图文并茂、装帧新颖的童话书、民间故事书等，都能够赢得孩子们的青睐，让他们觉得有趣味，更能鼓励他们翻阅，使其知识逐步增加。

●不读艰涩难懂的书。一本孩子全然不理解的书，是不会让孩子获得愉悦的。所以，为孩子选书要根据孩子的年龄和理解能力，本着简单易懂的原则。这样才能更有利于孩子理解和记住书本中的内容，从而提高阅读能力，增强阅读兴趣。

●反复地读给孩子听。培养孩子的阅读习惯，越早越好，在他还很小的时候，就可以反复读书给他听，以此逐渐培养起孩子的阅读兴趣和习惯。

●尊重孩子的阅读兴趣。每个孩子都有自己的兴趣，家长不要强迫孩子去读他们不喜欢的图书，而是要善于发现孩子的阅读兴趣，并给予尊重和积极正确的引导。

●让孩子快乐阅读。让孩子爱上阅读，首先不能让孩子"死"读书，或硬性地为他们安排阅读数量和时间，这会使孩子有心理负担。应引导孩子把读书当作一件快乐的事，这才是教育的初衷和真正的目的。

●多带孩子去书店购书。为了让孩子爱上阅读，可经常带孩子逛逛书店。一是使他们受到读书氛围的熏陶，二是让他们自己选书。对于自己选择的图书，孩子会更珍惜，也会更加配合地和父母一起读书。

洛克小语♥

家长要引导孩子去阅读，但不能将此当作孩子的任务，将阅读强加在孩子身上，也不要因此而责骂他。

写一手好字，为绅士淑女气质加分

一手漂亮的好字，可以大大提升一个人的内在涵养和气质。不仅能为孩子的绅士淑女风度加分，并且能让孩子终身受益。

故事的天空

6岁的诚诚是小区里远近闻名的"小书法家"，在市青少年宫的书画大赛上，还获得过幼儿组第二名的好成绩呢！

在诚诚墨香味儿十足的小书房里，悬挂的都是他的书法作品。那宽大的书案，与小小的孩童显得不太成比例，但这丝毫不影响他练笔。如果一整天不提笔写字，他的小手就痒痒得慌，即便没有笔，也要用手指在身上比画比画。

诚诚之所以取得如此"成就"，与父母的培养和家庭熏陶有很大关系。爸爸是一家大型文化公司的美工，动笔的时候特别多，有时为了赶活儿，下班回家也要写写画画。妈妈则是一个文字工作者，用笔写字更是家常便饭。而爷爷自从退休后，便迷上了书法，经常和几位老人一起挥笔弄墨地切磋技艺。小诚诚就是在这

样的环境中，对书写产生了浓厚兴趣。早在他两三岁时，连筷子都用不好，就已经能很熟练地运笔了。

孩子有这样的爱好，家长自然支持。于是，诚诚便拥有了一间属于自己的小小书房，开始了运笔习字的书写生涯。

吕姐爱心课堂

约翰·洛克比较提倡让孩子从小练习书法，他认为一手好字也是体现绅士与淑女风度的一个重要组成部分。

是的，字是人的第二张脸。一手好字，如同一张亮丽的形象名片，可以彰显出一个人的气质和素养，令人刮目相看。也许受到别人的赞赏，正是从你那一手漂亮、端庄的好字开始。所以，家长要从小给孩子养成良好的书写习惯，为他们打下坚实的文字基础。

信息化的年代，人们越来越少动笔写字了。但书写仍然是人类生活中必不可少的活动之一，甚至是一种文化艺术。人们常说"字如其人"，从一个人的书写中，往往可以折射一个人的性格特征，以及写字时的心情，透出一个人内在的涵养和气韵。

让孩子从小养成规范的书写习惯，不仅能给他们未来的形象加分，还有利于孩子养成认真学习的态度，以及持之以恒、坚持不懈的毅力和做事一丝不苟的精神，且对身体机能的训练也是一个非常有效的手段。

流畅、漂亮的字迹给人以美感，能使孩子终身受益。当然，引导孩子爱上写字并非一件容易的事情。很多孩子在学习写字的时候都会写得不好，这时父母不能有急功近利的想法，而是要先从培养孩子的兴趣入手，抓好他们书写的启蒙指导，并持之以恒。相信孩子一定会爱上书写，并能写出一手漂亮的字。

洛克支招DIY

文字是语言的外衣，是交流、传达思想的工具，是孩子成长过程中不可或缺的。家长要为孩子创设书写的条件和氛围，最好给孩子提出具体的指导，为他们打下坚实的书写基础。

●**学会正确的握笔方法**。让孩子学写字，先从正确的握笔方法开始，这是孩子书写前必须要学会的。许多孩子不会握笔，大多用五指把笔攥在手里，因此，应为孩子做出正确的示范，帮他们掌握正确的握笔方法。平时也应有意锻炼孩子三指捏物的动作，只有三指捏的动作熟练了，才能更容易地掌握正确的握笔方法。

●保持正确的写字姿势。正确的写字姿势十分重要，不仅影响到孩子的书写水平，还会影响到孩子的身体发育。所以，父母要注意矫正孩子不良的书写姿势，不要让他们趴在床上或歪着身子写字。应要求孩子坐端正，两腿平行，两脚放在地上，身体要正对着桌面，胸距桌一拳。右手执笔，左手扶纸。写字时要始终保持正确的姿势，随时给孩子纠正。

●教孩子基本笔画和笔顺。让孩子先从点、横、竖、撇、捺、钩等简单的基本笔画练起，然后再进行写字。写字时的笔顺要遵循由上至下、由左向右的顺序，千万不要让孩子随意下笔，以免养成不良的书写习惯。

●多鼓励孩子。孩子写得不好时尽量不要责备，以免他们的写字热情遭受打击，从而失去写字的兴趣。而是应该多给孩子一些鼓励，它可以满足孩子的心理需求，激发和调动孩子的学习兴趣、热情和愿望，让孩子学习写字的劲头更足。

洛克小语 ♡

　　一手好字，可以彰显出一个人的气质和素养，也是体现绅士与淑女风度的一个重要组成部分。父母要正确地引导孩子学习书写，让他们对写字充满兴趣，并教给他们正确的握笔和写字姿势，以免养成不良的书写习惯。

像学母语一样学外语

人人都能学会自己的母语，外语的学习也同样如此。只要给孩子提供一个多听多说多练的语言环境，他们在潜移默化之中自然也就轻松掌握了外语。

👦 故事的天空

在公园的长椅上，3岁的莎莎竟然能用英语同妈妈"对话"，母女俩的叽里咕噜十分惹人注目，大家纷纷驻足欣赏她们的"表演"。

莎莎的英语水平当然仅局限于日常的简单对话，所掌握的单词非常有限。对于一个3岁的孩子来说，这已经是很了不起的了，这主要缘于妈妈的引导。

这时有一位也有着3岁孩子的妈妈向她求经，莎莎妈妈毫无保留地告诉她："学外语，就要从孩子刚学说话的时候开始。"

那位妈妈有些疑惑地说："孩子连母语都讲不好，还能分出精力学外语？"

莎莎妈妈说："没问题，只要家

倾情解读约翰·洛克卓越教育

里有双语的环境，孩子就能学好，哪一门也耽误不了，更不会弄混的。"

尽管那位妈妈半信半疑，可是看到莎莎同妈妈用双语交流一点也不费劲儿的样子，觉得自己也该开始培养孩子学外语了。

吕姐爱心课堂

当许多家长还在犹豫是否过早让孩子学外语时，莎莎已经能讲很多日常外语了，这证明孩子学习起外语来是没有障碍的。一般来说，0～3岁是学习语言的黄金时期，只要有必要的语言环境，孩子就能毫不费力地学会好几种不同的语言。如果没有语言环境，孩子连母语也是学不好的。

约翰·洛克建议："当孩子到了能说母语的时候，就应当让他学习外语。"他还特别提示："绝对不要以语法去给孩子制造麻烦，就跟说母语一样，对孩子直接说外语，不要受语法规则困扰。"其实，人们学习说话，都是先学语言，然后才去学语法。那些没有上过学的人，讲起话来也不存在任何障碍，可见语法并不是学习语言所必需的。

研究表明，6岁以前，特别是幼儿期，是学习外语的最佳时期。因为在孩子的知觉发展中，首先成熟的是形象思维能力。孩子无论是认汉字，还是认英文，实际上都是一种信息刺激的活动。他们把字形当成某一具体形象，经过多次反复，这种特殊的"形象"就储存到大脑中去了，从而变成了他们固有的东西而难以忘却。

让孩子从小学习外语，不仅为他们将来的学习和工作打下良好基础，并且还会促进其智力的发展。语言刺激是促进大脑细胞生长发育的要素，若在幼儿时期给予孩子两种语言的刺激，可以大大促进幼儿大脑两半球之间的协调，加强神经细胞之间的联系。因此，在幼儿时期对孩子进行英语训练大有益处。

孩子学习外语的能力是非凡的，关键是要为他们创设一个良好的语言环境和正确的教学方法。只要方法得当，营造出一种轻松愉快的气氛，让孩子如同学习母语一样掌握外语并非难事。

洛克支招DIY

在双语时代，孩子越早接触外语越利于他们今后准确地掌握外语。为此，父母应尽量给孩子提供一个轻松快乐的语言环境，培养孩子对语言的兴趣和敏感度，为他们今后学习外语做好铺垫工作。

●语言学习从"听"开始。语言学习多偏向于声音的刺激，孩子学说话是先从"听"开始的，外语学习也应该同样如此。因此，外语好的家长在生活中应该多对孩子说些外语，或者给他播放一些外文歌曲、儿歌等，让孩子在听的过程中，感受外语，形成对外语的基础发音。

●在"看"中潜移默化吸收。动画片是孩子最喜欢的娱乐形式，它可以吸引孩子的注意力。因此，父母不妨多引导孩子看些外语动画片。在他们有滋有味看的过程中，自然对语音语调也默默吸收和接受下来了。

●利用游戏让孩子爱上外语。游戏是孩子们的最爱，因此家长可以经常和孩子多做些学习外语的小游戏。在这种开心和愉悦的氛围中，孩子非但不会对学习产生抗拒，反而会更配合地和父母一起游戏。如妈妈指着自己的鼻子说："这是妈妈的nose。"然后指着爸爸的鼻子告诉孩子："那是爸爸的nose。"最后轻轻点着孩子的小鼻子说："这是你的nose。"

●多给孩子提供运用外语的机会。在日常生活中，父母可经常为孩子提供运用外语讲话的机会，多运用外语进行交流。如在吃饭时间问孩子："What is this？（这是什么？）"让孩子说出米饭是"rice"，鱼是"fish"等。这种结合日常生活情境的学习方式，便于孩子学习和理解，也更利于他们记忆和掌握。

洛克小语 ♡

　　孩子学母语既不需要老师，也不需要任何规则，更不需要语法，由此可见，孩子学外语也是同样的。只要时常有人对孩子说外语，他便一定可以学会并掌握它。

地理学习应眼见为实

　　地理能够打开孩子接触世界的窗口，拓展孩子的生活空间。如果孩子对地理感兴趣，他对大自然、对世界、对各地文化也就更容易感兴趣。而兴趣是最强的驱动力，会促使孩子学习更多，了解更多。

故事的天空

　　在菁菁小房间的床头柜上，放着一个地球仪。这可是她的最爱，别人是不能随便乱动的。

　　这个地球仪是在菁菁过3岁的生日时，爸爸从北京给她带回来的生日礼物。小家伙一见就喜欢上了。如今，它已经伴随菁菁度过了两年，5岁的菁菁能从这个地球仪上准确找出所有的国家和地区的位置。只要你说出名称，她就能快速用小手给你在地球仪上指出。

　　作为一个几岁的孩子，是不可能突然爱上地理的。也许由于妈妈是地理老师的缘故吧。她经常带菁菁出门旅游，告诉菁菁这些城市、山脉或河流的名称，即便走在大街上，也要教给她识

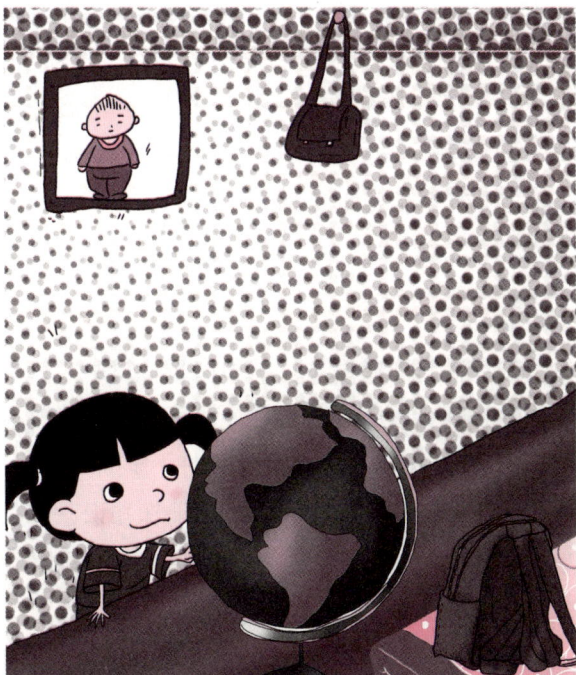

别道路的标志和方向等。在妈妈的熏陶下，菁菁不仅识图，还喜欢看地理风光片，央视的天气预报更是雷打不动必看的节目。

家里有一个小小"地理通"，父母的脸上也有光彩，每当孩子在客人面前大方地"炫耀"自己的地理知识时，心里很是自豪。

吕姐爱心课堂

地理存在于我们的生活之中，它不仅是孩子理性知识体系的一部分，也是感性生活的一部分。孩子通过地理知识来建立自己的空间感，如居住小区的方位、幼儿园的位置、交通路线等。可以说，地理也是生活中不可或缺的一部分。家长要在平时的日常生活中，特别注意培养孩子对地理的认识。

约翰·洛克说："我觉得孩子应当先学地理，因为学习地球的形状，世界各大洲的位置、分界和一些国家的地理分布与边界是一种结合了视觉、记忆力的双重训练，绝大多数的孩子都会开开心心地去了解和记忆这些知识的。"在地理知识的学习上，他强调采用具体、形象的教育方法。因为儿童认识世界的方式是感性、直观的，他们通过充分的感性认识，用看一看、听一听、摸一摸，甚至做一做等方式来建立起与世界的情感联系。这种具体直观、眼见为实的教学方法，更容易让孩子理解和掌握。

不要小瞧地理知识的作用，通过学习地理，可以开阔孩子的视野，引发孩子对外在世界的兴趣，从小树立全球观念，并且能增强孩子的空间感和方向感，训练孩子独立面对外部世界的心理素质，为培养孩子的记忆力、观察力以及抽象思维等能力打下良好的基础。

洛克支招DIY

地理学科内涵丰富，且与语文、数学、物理、化学、生物、历史、政治等各门学科都有着广泛的联系。让孩子及早接触地理知识，也是在培养他们学习其他科目的兴趣，为今后的学习打下牢固的基础。

●从身边事物学起。教孩子地理知识，可以从身边最熟悉、最常见的事物学起。如让他们认识自家的位置、门前的马路、周边的建筑物等，使孩子初步建立起地理概念，明白什么是地理。

●利用地图和地球仪。随着孩子认知范围逐渐扩大，可以让孩子从地图上认知所在省份、城市、家的方位等，并通过地图来认识高山、平原、河流、道路。地球仪更是教孩子学地理的好教具，它生动有趣、立体形象，可以使孩子在认知这个世界是一个球体的同时，还能够从中具体直观地找到相应的大洲、大洋、国家、城市等。

● **在游览中体验。** 可以经常带孩子出门旅游，在四处游览中，不断引导孩子对地理知识产生兴趣。当孩子亲身接触到这些城市、河流与山脉时，他便会更容易掌握并记牢了。

● **教孩子一些天文知识。** 可以教孩子认识各种星座的形状与位置。最好先在天球仪上指给他们，然后再指着星空教孩子辨认。

● **一次不要教得太多。** 家长在教授孩子知识时，应从最简明、易懂的地方说起，每次不可教得太多。等孩子彻底清楚、完全记住所学的知识了，再去教他新的知识。

洛克小语 ♡

孩子应当先学地理，因为学习地球的形状，世界各大洲的位置、分界和一些国家的地理分布与边界是一种结合了视觉、记忆力的双重训练，绝大多数的孩子都会开开心心地去了解和记忆这些知识的。

博古通今，凸显绅士淑女的智慧与魅力

历史是一个令人愉快的学习科目，而且最能让人获得教益。让孩子从小接受点历史的熏陶，可以促使他们有更大的好奇心和学习欲望，长大后更容易成长为一个富有智慧与魅力的人。

🧒 故事的天空

客厅的沙发上，濯濯妈妈正和邻居张阿姨聊天，5岁的濯濯独自坐在小椅子上翻看着历史故事彩绘书。

小家伙认真读书的小模样，令张阿姨有些忍俊不禁，说："这孩子可真行，能坐得住板凳。"

濯濯妈妈说："他可喜欢看或听有关历史的故事了。"

张阿姨说："历史多枯燥啊，小家伙能受得了吗？"

濯濯妈妈说："最早的时候啊，他爱听故事，我就用MP3下载了袁阔成老先生讲的评书《三国演义》，接上小音箱给他听。结果听上瘾了，连他爸爸小时候的《三国演义》连环画，也接受了。"

张阿姨说："真不简单，可是让孩子了解历史对他是不是早了点？"

濯濯妈妈说："先给他熏陶熏陶呗。"

这时，濯濯收起彩绘书，过来对妈妈说："咱们该去博物馆了。"

濯濯妈妈抬头看看墙上的石英钟说："可不，是该出发了。"

张阿姨也受到了感染，说："我也去，把我家的妞妞也带上，让她也受受熏陶。"

吕姐爱心课堂

中华民族历史悠久，许多历史就是一个个生动的故事。对于孩子来说，早些接触历史，可以让他们通过一个个鲜活的故事，了解我们这个伟大的民族，为自己的渊博知识打下坚实基础。

约翰·洛克强调让孩子学地理的同时，还应学习历史。他说："最让人获得教益的学问莫过于历史，最让人获得乐趣和欣悦的也是历史。历史能使人持重和熟悉人本身，是作为一个绅士或淑女必须要了解的。"是的，通过对历史的了解，可以促使孩子有更大的好奇心和学习知识的欲望，并且能够使他们在接触其他知识的时候有所借鉴，对学相关的知识有触类旁通的效果。让孩子早些接触历史，爱上历史，对他们的成长有很大的帮助。

从古至今，历史学一直受到人们的高度重视。每个人都需要掌握一些最基本的历史知识，它会让一个人更智慧，更富有魅力。让孩子从小学习历史，接受历史的熏陶，并从中获取更多的"营养"，为其渊博、持重的绅士淑女气质加分。

洛克支招DIY

让孩子喜欢上历史其实并不难，家长可以先从他们感兴趣的地方入手，通过讲故事、看电视等孩子喜闻乐见的形式吸引他们的注意力。等他们"上瘾"后，自然会主动要求了解历史了。

●讲历史小故事。孩子都喜欢听故事，家长不妨经常讲些历史小故事给孩子听。像司马光砸缸、孔融让梨、武松打虎、岳飞沙盘写字等，既能让孩子通过故事了解历史，对历史产生兴趣，又有助于塑造孩子的机智、勇敢、谦让等良好品行。

●**阅读历史书籍**。家中可备一些历史方面的图书，供孩子随时翻阅浏览，培养孩子喜欢读书、热爱历史的情趣。家长在选择图书时，应选择那些语言通俗易懂，内容轻松有趣的，这样孩子才能更乐意阅读，也才能使他们对历史更感兴趣。

●**听评书，看电视剧**。评书、电视剧也是让孩子爱上历史知识的有效途径。一环扣一环的生动情节，更容易吸引孩子，让他们欣然接受历史知识。

●**参观博物馆**。历史博物馆史料丰富，立体感强，是孩子学习历史的好去处。家长可以利用休息的时间，多带孩子去参观，相信孩子一定会从中受益匪浅。

●**和孩子一起扮演角色游戏**。利用孩子爱玩的天性，家长也可以通过游戏让孩子熟悉历史。如妈妈扮演一个角色，让孩子扮演另一个角色，孩子自然就能够轻松记住某一个历史人物、某一段历史故事了。

洛克小语

　　最让人获得教益的学问莫过于历史，最让人获得乐趣和欣悦的也是历史。历史能使人持重和熟悉人本身，是作为一个绅士或淑女必须要了解的。

绘画，提高孩子审美情趣

让孩子学习绘画，并不是要把孩子培养成小画家，而是在于启发孩子的美感，使他们的性情得以陶冶，同时，对孩子诸多能力的提升，以及全面发展大有裨益。

🙋 故事的天空

清晨的小河边，6岁的德德和妈妈一起早早就支起了画架，他要画一幅朝霞辉映河面的图画。

德德开始作画时，妈妈总是尽量站远一些，以免影响儿子的作画情绪。邻居李晓彤推着婴儿车走了过来，看到德德妈妈站在树下，两个人开始悄声地聊起了育儿教子经。

李晓彤亲吻了一下坐在车里的1岁的女儿瑶瑶后，看着远处聚精会神作画的"小画家"，羡慕地说："大姐，你可真会调教孩子，德德长大后准能成为一个大画家。"

德德妈妈轻轻抚摸着瑶瑶的头顶说："算是给孩子培养一个爱好吧，至于他未来能不能成为一个画家并不重要。"

李晓彤肯定地说："一定会

的，看孩子那么用功。"

德德妈妈说："其实，让孩子学画画的主要目的，并不是让他能成为一个画家。"

李晓彤不解地问："那干吗还要让孩子天天作画呀？"

德德妈妈笑着对她说："主要是让他增加艺术细胞，提高他的审美情趣！再说绘画对孩子智力的发展，以及想象力、创造力等好多能力的培养都有好处呀！"

李晓彤若有所思地"哦"了一声，觉得德德妈妈的话的确有道理。心里盘算着将来也要对瑶瑶进行绘画方面的培养，别让孩子错失了智力发展的关键期。

🙂 吕姐爱心课堂

当今许多父母对孩子才艺方面的培养都比较重视，但大多数都是出于功利性目的，想让孩子成名的念头居多。

约翰·洛克说："让孩子学习绘画非常有用，并非期望他们将来成为一位杰出的画家，而是让他们了解一些配景的原理，懂得色彩搭配，提高审美情趣，这有利于孩子绅士淑女风度的培养。"

绘画是一种艺术技能，它能陶冶人的性情。对于孩子而言，绘画的确非常有益。除了可以使孩子的创造性思维得以发展，还能够培养孩子敏锐的观察力、丰富的想象力、灵活的动手能力和初步的审美能力。这种能力一旦形成，对促进孩子其他方面的学习，以及对孩子的全面发展都十分有利。因此，从小鼓励孩子学习绘画，让他们多参加些美术活动，无论对孩子的今天、明天还是未来都大有好处。

其实，孩子天生都喜欢绘画，这是儿童的天性。在现实生活中，我们不是常常看到一些小孩子对绘画充满了激情，不厌其烦地到处"作画"吗？他们描绘自己感受到的七彩世界，表达他们的美好心愿，创造出各种令人感到惊奇又赞叹的作品。只是这些往往得不到父母的公正评价和鼓励，认为他们到处乱画是在调皮、瞎捣乱，而横加干涉，或是任其自生自灭，错误指导，这都会扼杀孩子的创作激情，从而使他们失去对绘画的兴趣，使孩子的心智失去大好的发展机会。因此，对孩子的信笔涂鸦非但不能阻止，还应该利用孩子的"爱好"，及时予以引导，科学地对他们的绘画能力进行培养，为孩子的全面发展打下重要基础。

洛克支招DIY

绘画，是一门艺术，它能够提高孩子的审美情趣，启发孩子的美感。同时，也是孩子智力教育中不可忽视的一部分。这些将成为孩子人生的宝贵财富，使他们终身受益。

●**排除让孩子成名的功利性目的。**家长应支持和鼓励孩子学画画，但切不可过早对孩子定向，将儿童美术教育搞成专业教育，抱有让孩子成名的功利心理。这很容易让绘画成为孩子的压力或负担，从而使他们失去兴趣。

●**理解孩子的绘画特点。**孩子的绘画与成人不同，由于他们身体、心智发育还不成熟，所以在表现技能上还比较粗糙，技法甚至幼稚可笑，但充满了天真烂漫的童趣，这是孩子认识生活、反映单纯质朴情感的需要。因此，家长不要认为他们创作的画太幼稚、离奇，而对孩子要求过多，这往往会禁锢他们的想象力和创造性，失掉孩子特有的大胆幻想的本质。

●**不要在意孩子画得好不好。**孩子不是画他看到的，而是画他心里所想的，所以画得好不好不重要，只要孩子有画画的兴趣，就要鼓励孩子大胆作画。培养孩子的各种能力，比让他们掌握绘画技巧更重要。

●**开阔孩子的眼界。**生活是画画素材的最好来源，孩子的创造不能没有基础，因此，家长应多带孩子出去走走，开阔他们的眼界。如带孩子接触大自然的美好风光，或经常参观各类画展、参加音乐会等，以增进孩子的知识和经验，丰富绘画的内容，提高他们的绘画水平。

●**给孩子提供绘画的条件。**为了提高孩子的绘画兴趣，也为了不让他们随意在墙壁、家具上乱画，应为孩子提供一面涂鸦墙或涂鸦板，准备好彩笔、蜡笔、水粉等绘画工具或材料，以方便他们大秀自己的画技。

洛克小语♡

让孩子学习绘画非常有用，并非期望他们将来成为一位杰出的画家，而是让他们了解一些配景的原理，懂得色彩搭配，提高审美情趣，这有利于孩子绅士淑女风度的培养。

跳舞，提升孩子优雅气质

舞蹈可以提升孩子的气质，使孩子举手投足表现得优雅得体。及早让孩子加入到舞蹈学习中去吧！让他们舞出健康、优雅，舞出自信、美丽！

故事的天空

在商场的舞鞋专柜前，默默妈妈正和5岁的女儿在认真地挑选着舞鞋，她刚刚在青少年宫给女儿报了拉丁舞培训班。

这时，老同学江燕带着儿子走了过来，她也要为儿子挑选中意的舞鞋。

默默妈妈觉得很有意思，对江燕说："小男孩儿还学跳舞？让他去练习跆拳道不是更能磨炼男子汉的意志吗？"

江燕笑笑说："男子汉风度不仅仅是威武彪悍，还要有优雅的气质，而跳舞就是最能培养孩子优雅气质的一种形式。"

默默妈妈想想说："还真是的，男孩子学跳舞也是应该的，说不定能成为舞蹈家呢！"

江燕一副对此不在意的样子，笑着说："那我倒没想

过，只要能提升气质，就算达到目的啦。"

👧 吕姐爱心课堂

一提到跳舞，大多数人都觉得这应该是女孩子学的。其实，在西方许多国家和我国少数民族地区，男孩子也都是能歌善舞的。跳舞不仅可以使一个人的气质得到全面提升，对于孩子来讲，也是培养其诸多能力以及促进身体发育的有效手段。

约翰·洛克说："学习舞蹈，不论是现在还是将来，都能让孩子在举止投足间具有一种优雅的品质。舞蹈还能让孩子举止得体，从小就具备一种自信的心态。"所以，他认为："孩子只要是到了可以学习舞蹈的年龄，就应当及时让他们去学习跳舞。"

尽管跳舞看上去仅是一种外表上的优美动作，但它却比别的课程更容易提高孩子姿态与心理上的魅力。让孩子学习舞蹈的好处多多。通过科学系统的舞蹈教学训练，可以端正孩子的身姿，提高身体的柔韧性和协调性，使体能得到锻炼，让孩子看起来更挺拔、优雅。跳舞还可以培养孩子的观察力，丰富想象力，并且能陶冶心灵，使他们更活泼、开朗、自信，大大提高了孩子与人交往的能力。

不要觉得自己的孩子不适合跳舞，就放弃让孩子学习跳舞的机会。其实，舞蹈人人都可以学，因为让孩子学跳舞并非一定要让孩子往舞蹈这方面发展，而是为了培养孩子的独特艺术气质。舞蹈带给孩子的，不只是花哨的动作技巧，更是丰富的人生经验。为了孩子更出众，更具有绅士淑女气质，舞蹈也应该列入培养孩子的计划当中来。

👧 洛克支招DIY

孩子对跳舞有一种天生的冲动和喜爱，我们不是常常看到一些小孩子"闻乐起舞"吗？父母应及时捕捉到孩子爱跳舞的兴趣，并予以引导，让他们开心地跳舞，从而舞出孩子的气质和优雅，舞出孩子的自信与美丽。

● **培养孩子对舞蹈的兴趣**。孩子只有对舞蹈产生兴趣，才更有利于他们的学习。所以，父母可以经常让孩子看些少儿文艺节目、歌舞表演等，使他们感受舞蹈的美，引起孩子对舞蹈的注意和兴趣。

●**培养孩子的乐感**。音乐是舞蹈之魂，所以父母要经常地、有意识地让孩子欣赏音乐，感受、体会音乐节奏，并根据音乐的节奏变化，用舞蹈的动作语言表达情感。

●**鼓励孩子"闻乐起舞"**。当发现孩子随着音乐手舞足蹈时，要给予他们鼓励，同时也可以给予孩子一些小动作的教学，让他们学得更开心。

●**给孩子展示表演的机会**。当孩子正在学习舞蹈时，父母应多为孩子提供表演的机会，如依照孩子的兴致，让他们给家人或亲友表演。无论表演如何，都要及时给孩子鼓励和称赞，以让他们树立起对跳舞的信心和乐趣。

洛克小语 ♡

　　孩子学习跳舞，最容易使他们举止得体和具有自信心。因此，孩子只要是到了可以学习跳舞的年龄，就应当及时让他们去学习跳舞。尽管跳舞看上去仅是一种外表上的优美动作，但它却比别的课程更容易提高孩子姿态与心理上的魅力。

让孩子多些才艺和手艺

才艺和手艺的学习不是左道旁门，非但不会浪费孩子的时间和精力，反而对他们的成长大有裨益。在获得一技之长的同时，既锻炼了身体，又滋养了心灵。

故事的天空

当东东妈妈领着4岁的儿子走进雯雯家时，5岁的雯雯正坐在阳台的垫子上折着幸运星，在她的身边有许多五颜六色的可爱的小星星，粉嘟嘟的雯雯就像小天使一样坐在中间。

东东眼前一亮，嘴里"哇"的一声惊叹，伸出小手就去捡散落的幸运星，爱不释手地不忍心放下。

倒是雯雯大方，她拉着东东的手说："小弟弟，姐姐教你叠幸运星吧，只要是你叠出来的，就送给你啦！"

东东兴奋地跪在雯雯的身边，跟着小姐姐一招一式地学着手艺，那神情凝重而认真。

东东妈妈很高兴，对雯雯妈妈说："这下可好了，他有了活儿干，就没有功夫去淘气了。"

雯雯妈妈说："让孩子多

些才艺和手艺利于他们的成长。"

这时，东东嘴里嗷嗷地欢叫着，他举着自己的第一个"作品"，跑来拿给妈妈看。

两个妈妈一齐夸道："小星星真漂亮，东东了不起哦！"

东东的劲头更足了，转身跑去继续"学艺"。

趁两个孩子忙着"赶工"，雯雯妈妈带领东东妈妈去参观雯雯的手工艺品，在她小房间的书架上，有橡皮泥捏的小象，有草编的小兔子，还有一只爬树的小猴子的雕塑，尽管有些稚气，却显得很有生气，真看不出是出自一个5岁孩子之手。

🙎 吕姐爱心课堂

生活是多姿多彩的，一个人快乐活泼，多才多艺，会增加其灵性。兴趣广泛的人最善于举一反三、触类旁通，掌握的多个领域的知识就容易发生"碰撞"。由于知识面宽，动手能力强，自然容易出成果。

约翰·洛克说："绅士淑女应多一些才艺，我期望每一位青年绅士与淑女都能去学一学手艺，学两三种最好，但一定要精通一种。"他认为这样做至少有两种好处：一是孩子学到的技艺本身就是有用的；二是在练习手艺的过程中，锻炼了孩子的身心，对他们的身心健康大为有益。

如今学习成了孩子的首要任务，家长生怕孩子输在起跑线上，还只是几岁的小孩子就已经被牢牢地禁锢在了书桌前。出于功利性目的，很多家长认为让孩子学习才艺或手艺，是在玩耍，在浪费时间。其实，安排孩子学习一些才艺或手艺，非但不会造成孩子生命的浪费，反而有助于他们心智的发育，使孩子能够成为一个多才多艺、德才兼备的人。

在给孩子安排一些技艺学习时，一定要征求孩子的意见，当他们感兴趣时，才有可能投入精力去进行。切不可勉为其难，因为强迫与命令永远只能引发孩子的厌恶，即便被迫动手，也会缺乏乐趣，达不到应有的效果。

😊 洛克支招DIY

一个多才多艺的人，更容易获得人们的青睐和赞美。家长不要只是一味地关注孩子的学业，合理为他们安排一些才艺和手艺的学习，也会增添孩子的魅

倾情解读约翰·洛克卓越教育

力，为他们的绅士风度"加分"。

●**掌握一两种乐器。**能懂得欣赏音乐的人是幸福的，因此，不妨让孩子学会一两种乐器，在陶冶情操、愉悦身心、启迪智慧的同时，还能使他们在与人的交往中显得更有优势。

●**运动健身又益智。**运动能使骨骼强健、肌肉发达，为大脑提供高质量的营养，使头脑更灵活，从而促进智力的发展。打球、跳绳、游泳、体操以及各种棋类等，都是适合孩子健身益智的运动项目。

●**学习手工制作。**做手工是手眼协调的技艺，多动手，就是在为大脑做体操。孩子手的动作越灵活，大脑也就越灵活，对手的刺激就是对大脑的刺激。因此，教孩子学一些手工，如折纸、剪纸、雕刻、面塑等，都可以培养孩子手眼的协调能力，以及观察力、想象力和创造性思维等能力。

●**参加园艺劳作。**园艺可以使孩子从小接触大自然，懂得生命的延续周转，获得环保知识。可以通过简单的浇水、施肥、锄草、剪枝等园艺劳作来提高孩子们对植物的兴趣，让他们从中学习到许多植物知识，真实地感受到自然。

●**木工技能训练。**小孩子都喜欢敲敲打打，喜欢做一些富有挑战性的工作。相信每个孩子对让他们学习一些木工技能都会欣然接受。因此，父母可以为孩子提供一些轻便小巧的工具，如锤子、锯子、不同型号的铁钉、工具盒以及大小不一、形状各异的木块等，让孩子在钉、撬、拼接、安装中锻炼小手，使他们的能力不断获得提高。

洛克小语 ♥

　　绅士淑女应多一些才艺，我期望每一位青年绅士与淑女都能去学一学手艺，学两三种最好，但一定要精通一种。这样做不但可以训练技巧，而且还有利于健康，当孩子在学习这种技能时，可以在进步的过程中调剂身心。

能说会道，锻炼孩子绝妙口才

让孩子拥有好口才，将是他们取之不尽、用之不竭的宝贵财富。有了好口才，能使孩子在众人面前更好地进行自我表达，也能使他们在人际交往中赢得更多的友谊与喝彩。

故事的天空

在彤彤妈妈好友杨岚的生日聚会上，4岁的彤彤打扮得像一朵花儿一样，小嘴巴更是能说会道，给整个聚会增添了无尽的童真童趣。

几位妈妈坐在一起聊起了亲子育儿经，大家无不感慨万分，觉得孩子难带难教。

杨岚指着正忙着往小嘴里填东西的3岁儿子，叹息道："这小家伙简直是无法调教，见到生人就是不开口，不要说陪客人聊上几句了，连个问候都没有。"

赵娟说："这样的孩子不在少数，我家的妞妞也是不爱在人前说话。唉，可愁死我了，看人家小彤彤，简直就是一个小大人儿！"

彤彤妈妈说："主要是你们没有时间去调教，其实孩子的基础都是一样的，只要父母给予正确的引导，都能练成'小演说

家'的。"

几位妈妈也做了检讨，平时忙于工作，忙于生计，还真没有太多时间和孩子交流。

看到彤彤，大家都觉得彤彤妈妈有成果，纷纷向她讨教起经验来，结果一场热闹的生日聚会变成了家教的论坛。

吕姐爱心课堂

孩子拥有好口才，不仅父母脸上有光，最关键的是，它会让孩子充满自信，热衷于社交，对他们的成长有很大的好处。

约翰·洛克说："对于一位绅士或淑女来说，如果他的思想无法在书面或口头上进行很好的表达，那便是一个不小的遗憾。"在当今社会，人与人之间联系紧密，如果没有良好的语言沟通能力，将很难建立起广泛的人脉关系。不仅不利于工作的顺利开展，而且有损于事业的发展和成功。

有研究显示，一个人的成功，15%取决于他所具备的技术知识，85%取决于口才和人际交往能力。拥有良好的口才，可以让孩子在学习和生活中更好地展示自己的文化涵养和迷人风采，使他们处处得到别人的喜爱和欢迎，并且能够让孩子迅速走进他人的内心世界，在与人交往中赢得更多的友谊与喝彩。

父母都希望自己的孩子能说会道，能够从容不迫地将自己的见解和知识与他人进行交流和展示。然而，拥有良好的口才，绝非一日之功，需要从小抓起。培养孩子出色的讲话能力，就是在为他们日后的成功积累资本。

父母不要抱怨自己的孩子性格内向，或者语言天赋太差。那些口才较好的孩子，也都是在一次又一次的实践过程中逐渐地掌握了说话的技巧，从而不断提高自己说话能力的。因此，平时应多和孩子进行亲子沟通，积极引导孩子学会如何说话。孩子愿意说话，千万不要嫌烦，而要感到自豪；孩子不愿说话，要想办法让孩子能说、会说，使他们努力提高自己的语言表达技巧。

洛克支招DIY

每位家长都希望自己的孩子口齿伶俐，这不仅关系到他们的语言能力，出众的口才也有利于孩子今后在社会上的发展。良好的口才不是天生的，而是培养出来的。因此，家长应把对孩子的口才培养作为重要一课，将它列入日常家庭教育当中去。

●**营造讲话的氛围**。作为孩子第一任教师，父母要精心营造浓厚的家庭语言学习氛围，根据孩子的特点，发掘其语言天赋和潜力，有计划地锻炼孩子的口才。

●**用规范的语言教孩子**。家庭成员的语言水平、文化修养以及父母对孩子的教育兴趣等，都会对孩子语言能力发展有很大影响。为使孩子伶牙俐齿、妙语连珠，家长在教孩子学说话时，应尽可能做到发音准确、清楚，措辞丰富，用语规范，为将来的口语表达奠定基础。

●**多给孩子展示口才的机会**。经常让孩子在人前进行"演讲"，以此训练孩子的胆识，形式可以是诗歌朗诵、说笑话、讲故事，或定期举行家庭表演会等。总之，要多给孩子提供说话的机会，以增强他们的口语表达能力。

●**和孩子常聊天**。反复交流是发展口头语言的最好手段，所以父母要经常主动与孩子对话、聊天，甚至和孩子展开辩论。同时，也要鼓励孩子同别人进行交流。经过不断的训练，孩子的语言表达能力自然会得到很大的提升，使他逐渐成为一个能说会道、自信快乐的人。

●**带孩子多参加社交活动**。平时有社交活动，尽量带孩子去参加，使孩子有接触外界的机会和实践的机会。

●**让孩子多些说话的"素材"**。良好的口才与孩子广博的见识、渊博的知识密不可分。因此，应多为孩子创设不同的生活环境，培养孩子渊博的知识。孩子见得多、听得多、懂得多了，自然就会有更多说话的"素材"和话题了。

洛克小语 ♥

　　对于一位绅士或淑女来说，如果他的思想无法在书面或口头上进行很好的表达，那便是一个不小的遗憾。

学会记账，培养孩子懂得理财和节俭

如今的孩子花起钱来大手大脚，丝毫不懂得节俭。不妨从小教他们学会记账，这会让孩子懂得如何规划自己的财务，随时审视金钱流向，从而建立起正确的金钱价值观。

故事的天空

在小区门口的一家小超市前，6岁的尚尚和妈妈发生了争执。起因是这周还有三天，可是小家伙的10元零花钱只剩下1.5元了，可他还要坚持买干脆面，而妈妈认为不能把口袋里的钱都花光，要有计划才行。

龙龙妈妈领着同是6岁的儿子路过这里，看到他们母子都很不高兴的样子，便让龙龙邀请尚尚去小区广场玩耍。

尚尚妈妈叹了一口气，诉着苦说："气死我了，口袋里有了钱就非花光了才甘心，如此不会算计，今后长大了可怎么过日子呢？"

龙龙妈妈劝慰道："不要着急，慢慢引导呗。"

尚尚妈妈说："这孩子实在是不听劝，可难调教了。"她羡慕地看着龙龙妈妈，"看，龙龙多听话，从来不乱花钱。"

龙龙妈妈说："早先才不是这样哩，也与尚尚一样，只要手里有钱就放不到明天，非花光不可。在他4岁那年，一个朋友给我支招，让我通过记账的形式，引导孩子学会如何理财，这才逐渐让他改掉乱花钱的毛病。"

尚尚妈妈眼前一亮，说："快给我传授传授经验吧，我都快愁死了。"

龙龙妈妈见两个孩子玩得正在兴头上，拉着尚尚妈妈的手，说："走，咱们回楼上，让你见识见识龙龙的小账本。"

吕姐爱心课堂

现在的孩子多数不懂得节俭，乱花钱、随便浪费的现象十分普遍。他们并不知道父母的钱来之不易，觉得财富如同流水一样，随时都可以拥有。孩子之所以有这样的感受，与父母错误的教子方式有很大关系。

约翰·洛克说："对家庭事务情况随时掌握清楚的年轻人，很少会是败家子。"所以，他建议从小教孩子学会记账，运用这种方式，让孩子了解钱的出入来去，使孩子懂得如何有节制和理性地消费。

可以说，理财教育与孩子上学掌握科学文化知识一样重要，它将成为孩子走上社会后的一个生存必备技能。在现实生活中，许多孩子花钱的行为都存在着某些错误，如随意乱买东西、花起钱来从不心疼、没有节约和储蓄的习惯等。这不是孩子的问题，而是家长的错误，从小没有给孩子开设如何理财这一重要课程。

让孩子学会记账，不仅能让家长了解孩子的钱花在哪里，更能让孩子自己通过记账的方式了解家庭的日常开销和收入，克服消费冲动和不良消费习惯，并不断调整自己，养成勤俭节约的好习惯。因此，理财教育应从家庭开始、从记账做起。

洛克支招DIY

如何处理好钱财，合理消费，是每个孩子独立生活以后所要面对的首要问题。所以，应从小让孩子养成记账的习惯，使他们学会理财和节俭。这方面对孩子教育得越早，收到的成效也就越好。

● 给孩子准备一个账本。可以交给孩子一个账本，引导孩子将每笔开销和支出记录下来，每星期进行盘点，了解孩子的花销情况。购买账本时，可以带孩子一起去，让他们选择自己喜欢的样式，这会调动孩子记账的积极性，对记账充满兴趣。

●必不可少的存钱罐。让孩子学会理财，一个造型可爱的存钱罐必不可少。家长可以为孩子准备一个存钱罐，告诉他把平时的零花钱都放进罐里，过些日子，他就可以用这些钱去买一些自己喜欢的东西。

●引导孩子学会记账。由于孩子年纪小，不懂得如何记账，刚开始时，可由父母帮助孩子将支出项目一一记录下来，经过几次记录后，慢慢放手让孩子自己记账。

●给予孩子陪伴和鼓励。孩子刚开始学习记账时，往往很有积极性，但时间久了，可能会滋生厌烦情绪。有时一天忘了记账，过几天就想不起来钱花到哪里去了。为了让记账成为孩子生活的一部分，家长应给予孩子陪伴和鼓励。当孩子消费后，和孩子一起或提醒他及时记录下来。

●让孩子体验记账的好处。当孩子通过克制自己的欲望，零用钱有盈余时，可以帮他把钱存入银行，让孩子看见金钱增加的真实感。也可以适当地给孩子一些奖励，如每月账面盈余多少，家长以相同数额的金钱作为奖励。这可以调动孩子储蓄的积极性，让他们有努力的目标和方向。

洛克小语♥

对家庭事务情况随时掌握清楚的年轻人，很少会是败家子。要让孩子尽早习惯记账，尽早把账记得纯熟。这种能把账记清楚的习惯，对于孩子的将来是很有好处的。

第五章

给孩子正确的管教，约翰·洛克的家教智慧

约翰·洛克提出，若想孩子未来成为一个德才兼备的绅士或淑女，就要从小对他进行管束。当然，管束并非声色俱厉，而是要合情合理地去引导，有时温和的管教方法同样可以取得良好的教育效果。

对孩子进行合理奖惩

在管教孩子的过程中，奖励和惩罚自然少不了。正确的奖惩方法具有一种积极向上的力量，它所发挥的作用是永久性的，是会使孩子踏上正轨的道理。而如果拿身体上的痛苦和快乐，作为奖惩或支配孩子的手段，注定不会取得好的效果。

——约翰·洛克

🕐 阅读时间：<u>30</u> 分钟　　　🎓 受益指数：★★★★★

人前表扬，给孩子更大的鼓励

好孩子是夸出来的，要想让孩子有自信，一定要在人前表扬他。诚心诚意地把孩子性格中的闪光点、行为、习惯等让人欣赏的地方提出来，让孩子感到你为他骄傲。

👦 故事的天空

客厅里，小思嘉的爸爸和几个来做客的朋友在吃饭。餐桌上，他们开始谈论起各家的儿女。可是每个人都是在夸奖别人的孩子，没有一个夸奖自己的孩子，有的爸爸甚至觉得自家的孩子这也不好，那也不行。

4岁的小思嘉独自坐在飘窗前的小椅子上默默地注视着外边，小耳朵却在倾听大人们的谈话。当她听到爸爸说自己不够聪明时，心里可不高兴了，嘬起了小嘴，心里恨恨地说："坏爸爸，以后不理你了。"

妈妈把最后一道菜端上桌来，热情地招呼着大家，看到女儿有些不高兴，过去把小思嘉抱在怀里，对大家说："我们小思嘉可懂事了，每天我回家又是帮我拿包又是帮我拿拖鞋。那天我做家务累了，还给我揉肩捶背呢！"

她的这一番话，把大家的注意力都吸引过来，爸爸也赶紧附和说："可不，我们小思嘉可会体贴人了。"

大家都纷纷夸奖小思嘉是个善良孝顺的好孩子，表示要是自家孩子也像小思嘉一样就好了。思嘉脸上有了笑容，热情地和妈妈一起招呼客人，并且在心里暗暗下着决心，以后更要多多关心父母，不辜负大家对自己的赞赏！

等客人走后，趁小思嘉回房间玩玩具的空当，妈妈批评着爸爸："同你讲了多少遍了，人前即便不表扬自己的孩子，也不能贬低孩子。"

爸爸嘿嘿地笑着，说："人家都很谦虚，咱们怎么能……"

妈妈板起脸说："你的面子重要，还是影响孩子心情重要？"

爸爸赶紧说道："孩子重要，孩子重要。"

吕姐爱心课堂

谦虚是我国的传统美德，应该传承和发扬光大。但是，在客人面前实事求是地夸奖孩子，不算不谦逊。许多家长从不轻易表扬孩子，更不在人前夸奖自己的孩子。这样做并不利于孩子的成长，甚至会伤害到孩子。

西方的教育方式正好相反，无论在学校还是在家里，老师、父母总是以表扬鼓励为主。约翰·洛克说："在孩子应受到称赞的时候，家长最好是在众人面前称赞他。孩子受到赞扬，再经过众人的传播，他受到的鼓励就会更大。"事实正是如此，来自父母的表扬，特别是在其他家长前的表扬，会使孩子感到自己是有名誉的人，从而更加小心地维持来自他人的好评或好印象。

在他人面前合理、适度地赞扬自己的孩子，并不会造成孩子爱虚荣、骄傲自满的倾向，反而更能促使孩子奋进。因而，父母不要吝啬自己的赞美，及时给予孩子鼓励和夸奖，这样才能促进孩子取得更大进步，帮助他们形成良好的品行和行为习惯。

恰当的表扬和鼓励，在教子过程中有着非常重要的作用。没有鼓励，没有赏识，就没有教育。因此，父母要学会鼓励和赏识孩子，不断寻找孩子的闪光点，给予他们足够的肯定和应有的赞赏，孩子因此受到鼓励，就会表现得更加出色。

●**公开场合表扬**。对于孩子的优点，家长应多给予肯定和鼓励，尤其是要把对孩子的赏识扩展到别人面前，让孩子充分感觉到父母对他的重视和欣赏，从而激励孩子更加努力。

●**实事求是地夸奖孩子**。对孩子的夸奖应本着实事求是的态度，不能为炫耀自己的孩子而盲目夸大孩子的优点，甚至凭空捏造，这种无节制夸张的表扬，容易使孩子滋生虚荣、自负、骄傲心理，对孩子的成长不利。

●**赞赏孩子的态度要真诚**。当同他人说起自己的孩子时，不管孩子是否在场，都要怀着尊重与赏识的心态去谈论他。表扬孩子的态度和语气一定要真诚，发自内心，孩子对此非常敏感，切记父母一次的虚伪就会让孩子不再信任你的言辞。

●**夸到点子上**。夸奖要针对孩子的具体行为，要夸对地方，应该是针对孩子的具体行为而不是孩子本人或情感。如"孩子真有爱心，知道帮奶奶拿小板凳了"，就比夸奖"孩子真棒"效果好得多。表扬得越具体，孩子就越清楚什么是好的行为。具体的表扬会让孩子明确知道自己哪里做得好，产生真正的满足感。

●**要掌握好分寸**。适度的表扬对孩子有激励作用，但表扬也要有度，家长应掌握好表扬的分寸和尺度。孩子虽小，也是有辨别能力的，过度的表扬，他们也会感到不自在。且表扬也不可过多过滥，这样会让孩子对表扬不敏感，难以达到表扬应有的效果。

洛克小语 ♡

在孩子应受到称赞的时候，家长最好是在众人面前称赞他。如此一来，孩子会感到自己是有名誉的人，从而更加小心地维持来自他人的好评或好印象。

训斥孩子，也要有讲究

对于孩子日常生活中的过错，如果有时不得不责备上几句，也一定要注意运用正确的方式方法。最好避开众人，且态度严肃、庄重而不失温和地私下里进行。

故事的天空

6岁的常常和小伙伴玩耍了一阵子，感觉口渴得厉害，就气喘吁吁地跑上楼，去喝妈妈兑好的雪梨薄荷汁。

此时，妈妈和小姨正坐在客厅里聊天。

满头是汗的常常一跑进屋，端起茶几上的饮料就大口大口地喝了起来。

妈妈见她脸上脏乎乎的，衣服上都是土，立即冲她吼道："这孩子，越来越不像话，跑哪儿疯玩去了？见了小姨也不打招呼！"

常常咕嘟咕嘟喝完饮料，才冲妈妈和小姨顽皮地吐了一下舌头。

常常妈妈对妹妹开始数落起自己的女儿："这孩子简直淘气死了，就知道疯玩，从幼儿园一回来，就向外跑，书本摸都不摸一下。上次语文小测试，得了个倒数第二名。"

常常原本还笑着的小脸，听了妈妈的一通批评后，涨得红红的，拿眼睛狠狠地瞪着妈妈。

妈妈更来气了，吼道："看，你还有理了，看我不揍你。"

妹妹赶紧阻挡，常常趁机跑下楼去。

常常妈妈气得跺着脚说："看见没有，太不听话了，能把你气死。"然后坐下来长出一口气："看你家的姣姣多听话。"

妹妹笑着说："我家姣姣也常常犯错，有一次，几家人去餐厅吃饭，孩子们都抢着吃基围虾。姣姣几乎把大半盘子的基围虾都抢到了，堆了一大堆，后来都吃不下了。看着她这么不懂事，我心里很生气，但是我没有当着众人的面批评她，而是回家后单独和她讲道理。"

常常妈妈插话问："后来呢？"

妹妹说："通过讲道理，她知道自己错在了哪里，从那以后，再也没有犯下同样的错误。"然后话题一转，批评姐姐："你今天训斥孩子的方式就不对，孩子也是有尊严的，人前遭训斥，自然更加与你作对了。"

常常妈妈听完后，恍然大悟说："看来，还是我的教子方式不对。"

吕姐爱心课堂

许多家长把孩子视作私有财产，训斥孩子更是家常便饭，觉得对小孩子就得严厉斥责，他们才肯听话。根本不去顾及孩子的感受和尊严，结果孩子变得更加对抗或沉默。

约翰·洛克针对"训斥"这种教育方式，提出了自己的主张，他说："当孩子犯了过错，可以适当地对他进行斥责。如何训斥孩子，是家长必须去悉心研究的一门艺术。训斥不但需要严肃的表情和措辞，而且需要避开众人在私下里进行。假如把孩子的过错当众宣扬，让他们丢失面子，他们就容易对自己失望，从而丢失荣誉感。"

事实上，孩子规范自己的行为，进行自我约束，往往正是荣誉感在起作用。通常父母越不宣扬孩子的过错，孩子对自己的名誉就越看重，因而会更小心地维护别人对自己的好评。如若当众指责他们的过失，使他们无地自容，他们越觉得自己的名誉已受到打击，努力去维护自己名誉的心思也就越淡薄。所以，在教育孩子时，也要讲究方法，注意沟通方式。

教育孩子的最终目的，是让孩子认识错误并改正错误，而不是一味地对其批评指责，使他们颜面尽失。因此，在外人面前，应尽量给孩子留足面子。在没有外人在场时跟孩子进行合理沟通，往往会收到事半功倍的教育效果。

洛克支招DIY

面对孩子的过错，父母的训斥不是没有必要，但要讲究艺术性。训斥不是出言不逊，也不是指桑骂槐，而是要用严肃、庄重而不失温和的态度，启发、劝导孩子，让他们在不失尊严的前提下欣然接受。

● **不要在他人面前训斥孩子**。有的家长往往采用"人前教子"，现如今这种教育方法已不可取。当众训斥孩子，对孩子的心灵是一种伤害。所以，只要不是必须立即阻止的行为，父母最好不要在他人面前批评、教训孩子。

● **理性训斥和正确引导**。对孩子的不当行为，除了避免人前训斥外，私下里也应通过讲道理的方式对孩子进行规劝和引导，不能凭一时之气说粗话、脏话。尽管训斥是教育的一种手段，但是借孩子的错误发泄自己的不满情绪是不可取的。

● **讽刺挖苦要不得**。有的家长看到孩子犯错，喜欢讽刺、挖苦孩子，殊不知，这非但起不到应有的教育作用，还会让孩子产生抵触情绪。且讽刺、挖苦对孩子自尊心的伤害是极大的。这种"内伤"很难"医治"，会使孩子心理负担过重，容易带来心理阻滞，甚至形成心理疾病。

● **吃饭时不要训斥孩子**。孩子有缺点，需要进行教育。但是要讲究时间和地点，不要在吃饭的时候批评训斥孩子。因为如果这时突然受到父母的责问、训斥，就会引起精神紧张、情绪低落，食欲就会消退，唾液分泌也会减少，从而影响食物的消化与吸收，这样不利于孩子的健康。

● **训斥要有节制**。有的家长动辄就训斥孩子，简直成了家常便饭，孩子做错一件事就受到没完没了的数落。这往往会使孩子对训斥感到疲沓，或者产生逆反心理。因此，对孩子进行训斥应直截了当，明确利索，不要无休止地唠叨。

洛克小语 ♡

　　如何训斥孩子，是家长必须去悉心研究的一门艺术。训斥不但需要严肃的表情和措辞，而且需要避开众人在私下里进行。通常父母越不宣扬孩子的过错，孩子对自己的名誉就越看重，因而会更小心地维护别人对自己的好评。

当心，贿赂孩子不可取

为了让孩子听话，许多父母时常采用贿赂性的奖励措施。对孩子"行贿"不可取，它会导致孩子只是为了获得奖赏去做事情，而不是对被奖励行为本身感兴趣。

故事的天空

"十一"小长假结束了，人们都准时走出家门去上班或上学。可是雷雷妈妈却发愁了，儿子赖在被窝里就是不起床，他不想去幼儿园，想"宅"在家里独自玩耍。

妈妈坐在床前劝道："宝贝，快点起来吧，就要迟到了。"

3岁的雷雷用胖胖的小手推着妈妈的胳膊，嘟哝道："不嘛，我就不去幼儿园。"

妈妈把儿子抱在怀里，亲了一下，说："乖，幼儿园里的小朋友都在想你，你不去怎么行呢？"

雷雷的小脑袋摇得像一只拨浪鼓似的，就是不肯穿衣服。这时有人敲门，妈妈只好无奈地把儿子放到床上去开门。

原来，敲门的是楼

上的红红和妈妈，同是3岁的红红和雷雷是一个班的，她来邀请雷雷一起去幼儿园。

雷雷妈妈高兴地把红红领进儿子的小房间，让红红喊他起床准能管用。结果红红的热情相邀也失败了，她们母女面面相觑，准备出门去幼儿园。

雷雷妈妈着急了，只好使出撒手锏，说："好儿子，只要你乖乖同红红一起去幼儿园，妈妈就给你买玩具去。"

小家伙立即爬了起来，同妈妈讲着条件，说："那你现在就带我去买。"

妈妈知道儿子的脾气，只好妥协地说："好，好。"

雷雷这才高兴地穿上衣服，结束了"罢学"。

🙂 吕姐爱心课堂

生活中像雷雷妈妈这样的家长比比皆是。为了让孩子听话，按照父母的意图行事，拿一些"小恩小惠"去奖励或贿赂他们，以期达到使孩子配合的目的。如"你把饭吃完，妈妈就给你买巧克力""如果你把玩具收拾整齐，妈妈就带你去公园"……这种一味地通过各种贿赂来使孩子顺从听话的方式，是否合理呢？

约翰·洛克十分不赞同家长的这种做法，他说："拿孩子喜欢的东西去取悦他、贿赂他是不对的。凡是以糖、苹果或其他一些讨孩子喜欢的东西去诱导他，就是肯定了孩子刚刚萌芽的享乐主义，助长了他长大后发展出更为危险的嗜好。"

奖励是诱发、推动孩子养成好习惯和努力学习的一种有效手段，但总让孩子将完成某项任务与奖励结合起来，则会适得其反。这种贿赂性的奖励措施，会使孩子的某些行为只是凭借单纯的外在刺激维持，一旦刺激减弱或消失，其行为也便随之消失。在短期内，贿赂的确可以强化孩子的某种行为，但长此以往，则不利于孩子良好习惯的养成。他们做事的目的性会很明确，往往只贪图获得奖赏，而失去了对被奖励行为本身的兴趣。

孩子的成长离不开父母的奖励，但真正的奖励来源于内心的赞许和精神上的支持。它会使孩子在心理上、精神上得到满足，从而主动地强化这种行为。这种由内部动机发挥起来的作用，才是长远而有效的动机。反之，仅凭金钱或物质上的贿赂来达到鼓励孩子的目的，无疑是南辕北辙。它会刺激和强化孩子强烈的功利观念，给他们幼小的心灵打上种种不健康的烙印，以致潜移默化地影响孩子的成长。

如果希望孩子长大后成为一个头脑机智、言行得体的人，那么从小就要教导他们学会克制自己的各种嗜欲。教育孩子的目的是希望他们做正确的事情，而不是为了做事情得到奖赏。所以家长要正确引导，健康鼓励。

●**多给孩子精神赞赏**。给予孩子奖励，目的是以奖赏来激励他们。语言、拥抱、抚触也是一种激励手段，同样也能起到激励作用，这要比单纯的一份礼物或金钱奖励更加有价值。

●**避免条件交易**。不要为了让孩子做事情，就同他讲条件。这样做的后果是，非但不能规范孩子的好行为，反而会激发他们更大的贪欲，甚至采取要挟的手段来同父母讲条件。

●**奖励应是事后的小惊喜**。不要事先给孩子许诺，如"帮妈妈擦桌子，可以给你买糖吃"，这会让孩子为了吃糖而帮妈妈做事，从而失去奖励的意义。可以在孩子表现出良好行为之后，给予他们一些小惊喜。如孩子主动把玩具收拾整齐，可以奖励带他去公园；吃饭没有掉饭粒，赠送一份小礼物，对孩子成长中的进步表示祝贺等。

●**及时反馈孩子的好行为**。当孩子表现出一些好行为时，要帮助和引导他们看到好行为所带来的好处，对孩子的好行为进行积极的总结。如孩子帮妈妈扫地后，可以故意大声说："打扫得干干净净的房间真让人舒服，刚才地上太脏，现在就好多了！"这会让孩子很开心，知道自己的行为得到了肯定。

洛克小语♡

　　拿孩子喜欢的东西去取悦他、贿赂他是不对的。凡是以糖、苹果或其他一些讨孩子喜欢的东西去诱导他，就是肯定了孩子刚刚萌芽的享乐主义，助长了他长大后发展出更为危险的嗜好。

棍棒惩罚，越少越好

把身体上的痛苦与快乐当作奖惩手段支配孩子，是极其错误的教育方法，也不会收到好的效果。

故事的天空

当刘洋到闺蜜叶童家时，家里的气氛异常紧张，前来开门的叶童一脸的气愤，看到好友的到来才勉强挤出笑脸，把她让到沙发里坐。

平时叶童的儿子，4岁的威威早就欢天喜地地跑来甜甜地叫阿姨了，今天却很反常，没有看到小家伙的身影。

刘洋笑着问道："怎么不见小威威，今天不是周六吗？"

叶童一摆手，说道："快别提他了，简直要气死我了。"

刘洋说："一个小孩子，还能翻了天？"

叶童说："早上在楼下和几个孩子玩，他把人家孩子推倒了，还振振有词，拒不承认错误，刚刚被我打了一顿，现在正在自己的小房里反省呢。"

刘洋听后，嘴里不住地啧啧着，说："教育孩子的方法有许多种，唯有棍棒惩罚式的方法是最愚蠢的。"

叶童眼睛瞪得老大，说："你说得轻巧，可是他那气人劲儿甭提了，好言好语根本不起作用，不打他几顿怎么能让他长记性呢？"

刘洋劝说道："我看还是你需要认真反省一下，靠打骂并不能让孩子心服口服，更谈不上什么教育的作用。"

叶童两手一摊，无奈地说："那你说怎么办？"

刘洋亲热地搂着好友的肩膀说："好吧，我就给你传授传授经验，让你开开窍。"

两个闺蜜又开始窃窃私语起来，话题就是亲子沟通。

吕姐爱心课堂

生活中常常见到一些父母，看到孩子犯错，举起手来就打。虽然"棍棒底下出孝子"，但靠打骂真的能起到良好的教育作用吗？

不是的。打骂动粗等暴力惩罚方式，对孩子非但起不到应有的教育作用，还会适得其反，这样会使孩子变得更加不可理喻。因为打骂用得多了，孩子就会对它失去恐惧。同时也会失去羞耻感，变得破罐子破摔。所以，切记不要采用暴力手段来教育孩子。

约翰·洛克说："对孩子采用棍棒教育，是一种偷懒、取巧的办法，选择这种方法惩罚孩子，是因为父母的无知。"并且，他对父母提出忠告："对孩子一定要谨慎避免使用鞭打或呵责等错误的教育方法。因为这种暴力的惩罚办法，除了会让孩子由于他们的过错行为而遭受身体疼痛以外，还会生出一种羞耻、恐惧的情绪，再没有其他作用了。"

孩子年幼无知，难免做出不合时宜的事情。这并不是他们在故意和家长捣乱，而是在成长过程中必须经历的一个阶段。因为，他们并不知道该如何面对。可是许多家长错误地认为孩子就是不听话，需动粗才能迫使他们屈服。

管教孩子当然没有错，但是用拳头说话，绝对不是一种好办法。也许它看起来比苦口婆心的说教来得省力和有效，但却对孩子的一生都会产生深远影响。不仅容易损伤孩子的自尊心，影响亲子感情，也会对他们的性格、行为习惯的形成，甚至为人处世的方式产生不利的影响。

所以，棍棒教育不可取，它是孩子形成不良个性心理品质的诱发剂。孩子的成长，也是要有磕磕绊绊的，他们总是在不断犯错误和改正错误中长大。因此，父母要允许孩子犯错误，并正确地引导他们改正错误。打孩子绝对不是解决问题的最好方法，也不能起到真正的教育孩子的作用。

洛克支招DIY

棍棒惩罚，越少越好。家长应理智地看待孩子出现不良行为的原因，通过情感来拉近与孩子之间的距离。不要轻易动粗动怒，以免影响孩子的健康成长。

● **多对孩子理解和宽容**。孩子犯了错误，大多是由于心智不健全或缺乏经验所致。因此，家长应多多宽容和理解孩子，平时要给孩子更多的实践机会，让他们在实际行动中获取经验，使孩子掌握一定的技巧，以减少失误犯错的机会。

● **讲道理，明是非**。如果的确是由于孩子主观原因造成的错误，应耐心地先给孩子讲明道理，让他们认识到所犯错误的危害和原因，并告诉他下次应该怎么做。一旦孩子认识到了自己的错误，就会顺从和接受父母的批评和帮助。这样，当孩子再遇到类似事件时，他们就会主动规避，知道如何正确对待了。

● **适度的惩罚有必要**。在孩子犯下较为严重的过错后，对其进行适当的惩罚也是有必要的。但切记打孩子也要有个度，不能打起来没完，更不能经常打孩子，这样只能适得其反。并且在打完孩子后，要给孩子讲明道理，告诉他父母为什么要打他，不是因为不爱他，而是因为他这件事做错了。

● **不要在公共场合惩罚孩子**。有的父母一时生气，在公共场所就对孩子大打出手，这是一定要避免的。孩子再小，也有自尊心，父母不要在公共场所和外人面前惩罚孩子。这使孩子在身体遭受疼痛的同时，也给心灵带来了深深的伤害。

洛克小语 ♡

对孩子一定要谨慎避免使用鞭打或呵责等错误的教育方法。因为这种暴力的惩罚办法，除了会让孩子由于他们的过错行为而遭受身体疼痛外，还会生出一种羞耻、恐惧的情绪，再没有其他作用了。

调教绅士与淑女的好方法

绅士或淑女不是天生形成的，而是通过后天不断精心"打磨"而来。作为孩子的第一任教师，父母必须学习、掌握一些教子方法和技巧，通过各种引导方式，让孩子"染"上谈吐高雅、彬彬有礼的绅士淑女之风。

——约翰·洛克

阅读时间：<u>30</u>分钟　　　　受益指数：★★★★★

享受自由，不要束缚孩子的天性

热爱自由是人的天性，对于孩子来说，更是如此。明智的父母要学会解开绑在孩子身上束缚天性的绳索，不要因过度的束缚，而遏制了孩子天真烂漫的童心。

故事的天空

旅行社的大巴刚一停稳，车上的孩子们就欢呼起来，因为他们看见了蔚蓝的大海，听到了海浪拍击海岸的"哗哗哗"的声音，还有盘旋的海鸥……

几个性急的小男孩儿已经在海滩撒开了欢儿，可是4岁的妮妮却只能牵着妈妈的手，欣赏风光。

虎虎的妈妈对远处嬉戏的儿子喊道："小心点儿，别让沙子迷了眼睛。"说完就邀请妮妮妈妈去拾贝壳。

妮妮妈妈看看女儿，有些为难地说："我还得看着孩子呢。"

虎虎妈妈说："都4岁了，让孩子自己去玩呗。"

妮妮妈妈说："孩子还小。"

虎虎的妈妈笑道："我家虎虎也4岁了，你瞧哪还用我看着？"

妮妮妈妈说："女孩子就该安静些。"

虎虎妈妈说："爱玩是孩子的天性，你看把孩子眼馋的。"

　　此时的妮妮心早飞到虎虎等几个小朋友那里去了，她多么渴望和他们一起跑跑跳跳啊，只是手被妈妈牵着，无法跑过去。

　　从孩子的眼神里，妮妮妈妈看出了女儿的渴望，经受不住虎虎妈妈的劝说，终于放开了手。

　　妮妮像一只放飞的小鸟，欢快地跑到虎虎那里，加入了他们的嬉戏行列。

　　虎虎妈妈看妮妮妈妈还有些不放心，说："没事的，我们就在他们的不远处，孩子就是孩子，他们的天性就要尽情释放，孩子受到束缚，并不利于他们成长。"

　　妮妮妈妈终于和虎虎妈妈开始捡起了贝壳，只是不时向孩子那里望上一眼，看他们是否有什么危险。

🙂 吕姐爱心课堂

　　喜欢自由自在，是孩子的天性，也是他们的权利。可是，在现实生活中，许多父母就和妮妮妈妈一样，往往以安全或卫生为由，阻止孩子去做一些顽皮淘气、探险寻奇的活动。"不许、不能、不行、不可以"几乎成了这些父母的口头禅。殊不知，顽皮、淘气里也包含着聪明智慧。让孩子循规蹈矩，反而会使孩子探索科学、自然的天性遭到扼杀与破坏。

　　约翰·洛克说："孩子是爱好自由的，因此凡是出于儿童天性的倾向与爱好，都应当得到允许，不能让孩子感觉到拘泥束缚。"孩子喜欢无拘无束，他们的手脚、思想和头脑，总是自由地、漫无边际地发散着自己的想象力和创造力。所以，应让孩子用自己的想法和方式去行动，只要不会危害他们的健康，就不用加以限制。孩子想要这样玩或是那样玩，家长不应给

予过多干涉或拒绝。

孩子的成长和发展需要一个宽松的、开放的、积极的活动环境，对他们约束过多，容易禁锢孩子的智力发展，其探索性、创造性以及良好的个性都会被束缚。所以父母应大胆放手，给孩子更多的自由。在这种自由而轻松的氛围中，孩子们的思想和大脑才不容易被束缚住，他们的世界也才会更快乐，五彩纷呈。

洛克支招DIY

每个孩子都有属于自己天性上的东西，家长要去了解孩子的天性，并给予理解和支持，让孩子的悟性、灵性和美感都得到良好的发展。

●**不以成人的眼光要求孩子**。孩子处在心智发育阶段，常常会做出一些离奇的动作和事情来，家长不要用成人世界的规则来要求孩子。只要没有危险，就应该让孩子尽情发挥，不要剥夺他们的自由。

●**解放孩子的双手**。孩子爱动手，就给他们多动手的机会，折纸、剪纸、玩水、玩沙、拆装玩具等，都可以让他们的小手变得更灵巧，头脑更聪明。

●**不要束缚孩子的想法**。孩子有许多千奇百怪的想法，那就任凭他们的思绪随意驰骋吧。父母不要向孩子灌输这个社会的一些思维定式，而是应鼓励孩子张开想象的翅膀，发挥创新的潜能。

●**多给孩子行动的自由**。好动是孩子的天性，很少有孩子能安静下来的。父母应多给孩子行动的自由，不要嫌弃孩子像个小闹钟一样停不下来，多活动有利于身体发育，同时也是锻炼大脑的好时机。

●**不要剥夺孩子独立做事的机会**。当孩子有独立做事的愿望时，不要怕他们做不好而代劳，或是对孩子的"笨手笨脚"予以斥责，甚至剥夺他们自主学习的机会。只有多给孩子独立做事的自由，他们才能通过自己的努力最终达到独立。

洛克小语 ♡

父母对于孩子在各个年龄段应当享受的自由，应让他尽情享受。对于孩子幼稚的举止、活泼的性格，要将这些看作是他在适龄时期的必然现象，跟睡眠、吃饭一样，都是有益身心而不可或缺的。

把空泛的说教束之高阁

大道理听起来气势磅礴，但对于孩子来讲，却很难达到应有的教育效果。由于孩子的理解力有限，他还无法将这些道理与自己的实践相结合。因此家长应摒弃空泛的说教，针对孩子的具体情况，制定出适合的教育方法，这样孩子才能够轻松、乐意地接受。

故事的天空

3岁的聚聚和妈妈一起去公园，趁妈妈和好友杨晓霞坐在长椅上聊天时，跑到绿地里去踩随风摇曳的白色的小花。

妈妈看儿子如此"疯狂"，立即把小家伙从绿地里抱出来，坐在长椅上开始教育儿子："知道吗，花草也是有生命的，爱护花草是每个人都应该遵守的美德。"

坐在妈妈腿上的聚聚，茫然地瞪着大眼睛看着妈妈，似懂非懂地点着头。

杨晓霞问道："平时你就是这样教育孩子吗？"

聚聚妈妈点点头。

杨晓霞说："你这种教育方法过于空洞了，孩子根本不知道是怎么一回事。"

聚聚妈妈说："这还空洞？"

杨晓霞抚摸着聚聚的头顶，说："你的小脚丫把花朵都踩坏了，它们会很疼的。"然后用手稍用力捏捏孩子的小脸蛋，"是不是很疼？"

聚聚使劲儿地点点头。

杨晓霞指着被他踩坏的花朵，说："你想啊，阿姨捏捏你的小脸蛋，你都觉得很疼，那这些可怜的小花，是不是更疼呢？"

聚聚赶紧从妈妈腿上溜下来，跑到绿地去用小手抚摸那些受了伤的小花朵，一脸的怜爱和惭愧。

杨晓霞对聚聚妈妈说："这样孩子才能理解，他们以后才会记住不再去踩踏花草了。"

吕姐爱心课堂

教育孩子是一门学问，父母需要好好研究一番，下下功夫才行。因为孩子的认知、理解能力还比较差，用成人的语言对他们进行教育，效果会打折扣的。约翰·洛克说："把精力浪费在一些浮浅而令人摸不着边际的空谈上的教育方式，会迷惑一个人的推断能力，令人无法遵循正确的逻辑去进行判断。"

教育孩子最忌讲大道理，进行枯燥无味的说教。在现实生活中，有许多家长可谓是十分用心去教育孩子，他们苦口婆心地向孩子灌输大道理，整天唠唠叨叨。只是因语言过于空洞，孩子根本就听不进去，更别提能记住几句了。如果不考虑孩子的接受能力，盲目对孩子进行说教，非但起不到应有的教育作用，反而会助长孩子的厌倦情绪和逆反心理。

孩子有孩子的心理特点和接受能力，父母要根据他们的年龄和接受能力来有的放矢地进行教育。应当就事论事，具体问题具体分析。在教育孩子时，要少说空话，言简意赅，立足于孩子能听得懂，听得进去。只有让孩子明白和理解其中的道理，他们才能够去遵守或是执行。否则，即便家长说得再多，讲的道理多么正确，孩子也未必能够听懂记牢，这无疑是枉费精力。

洛克支招DIY

家长单从自己的美好愿望出发，向孩子灌输一些大道理，往往事与愿违，这样的教育盲目而不得要领。要想让管教迅速奏效，最好少对孩子空泛地讲大

倾情解读约翰·洛克卓越教育

道理，而是一定要让孩子能听懂、动心、记牢才行。

●**泛泛说教不如简明扼要**。不要跟孩子长篇大论地讲道理，他们没有耐心去听，而是要言简意赅，说到点子上，并给孩子留一些思考的空间，这样孩子才会更乐意与父母交流。

●**将大道理换成小道理**。大道理往往会把简单的问题复杂化，这对于思维和理解能力还十分有限的孩子来说，的确难以听懂和领悟。最好将这些大道理换成孩子能听懂、弄明白的小道理。如孩子从外面回来，小手小脸脏兮兮的不肯洗，如果跟他讲："你的小手小脸上有好多细菌，不洗干净会危害你的健康！"孩子根本不知道细菌是什么，也不知道细菌对人体有哪些危害，那么他就很难乖乖听话并且记住。如果你给孩子讲个小道理："看你的小手小脸这么脏，妈妈想亲亲、抱抱你都不行了。"这样的小道理像故事一样通俗易懂、生动有趣，相信孩子一定会积极配合父母，开开心心地接受让他洗手、洗脸的建议了。

●**选择适合孩子的角度讲道理**。在一件事情中，往往包含着多重道理或者是多种不同角度的道理。为了达到教育目的，可以根据孩子的年龄、阅历、心理等选择一个适合他们的角度，给他们讲清道理。如孩子宣称他爱上了班里的一个小朋友，父母给他讲一通不能早恋的大道理，他根本就听不懂，也听不进去。如果告诉孩子："结婚需要房子、车、钻戒……买这些东西要花很多钱。如果你想娶那位姑娘，就必须从现在开始好好学习，等以后考上好大学，找个好工作，这样才能有能力和自己心爱的人结婚。"如此引导，不仅能促使孩子努力学习，而且对孩子的心态、性格以及处世方式都会产生积极、正面的影响。

🧒 **洛克小语** ♡

　　父母常常犯的一个重大的错误，就是过早地对孩子进行长篇大论式的谈话。把精力浪费在一些浮浅而令人摸不着边际的空谈上的教育方式，会迷惑一个人的推断能力，令人无法遵循正确的逻辑去进行判断。

最好亲自教育子女

孩子一定要自己带，这是十分重要和必要的。在教育孩子的问题上，父母是不可缺少的主角，没有人能代替得了。这不仅关系到孩子的身体和智力，也直接影响着孩子的性格和心理素质的养成。

故事的天空

在开往上海的列车上，云燕和于洋两个人高兴地探讨着他们的旅行计划，看上去像是一对去度蜜月的甜蜜小夫妻。当他们给家里打电话叮嘱老爸老妈要照顾好他们1岁的女儿时，人们才知道他们是去旅行，而不是去度蜜月。

坐在他们身边的一位大姐友好地冲他们笑笑说："怎么不带孩子一起去呢？"

云燕说："有爷爷奶奶照顾着呢，再说孩子太小，只能添麻烦。"

当得知他们从来不亲自带孩子，怕影响二人世界时，大姐建议道："如果不是没有时间，最好还是亲自带孩子。"

两个人觉得孩子有爷爷、奶奶、姥爷、姥姥四个人照顾，无须自己操心。

那位好心的大姐劝道："有老人照顾固然省心，但是孩子还要父母亲

自带比较好，无论是融洽亲子关系，还是对孩子的心智、性格等都有重要的影响，更利于孩子的健康成长。"

云燕觉得这位大姐说得很有道理，便同她攀谈起来。经过一番交流，他们终于明白了亲自带孩子的重要性，决定缩短行程，赶快回去过三人世界。

吕姐爱心课堂

如今许多年轻的父母都是独生子女，他们从小在父母的娇宠下长大。为了享受甜蜜的二人世界，嫌照顾孩子麻烦等，往往在生下孩子后，便将孩子交给长辈或保姆照看。还有的家长由于工作繁忙，压力大，无暇照顾孩子，也只得把孩子托付给他人看管。针对这种对孩子管生不管养的状况，约翰·洛克说："如果家长因为怕麻烦，而不去教养自己的子女，就是严重的对孩子不负责任。不管家里是什么境况，能亲自教育孩子就是对孩子最好的给予。"

孩子是这个世界的小天使，每个父母都有抚育他们的责任。良好的亲子关系，是孩子对这个世界建立安全感的基础，也是孩子的心智情感得以顺利发展的保障。尤其在生命的头三年里，父母亲切的微笑、慈爱的目光、温柔的声音、甜蜜的亲吻，都将在孩子的心里留下深深的印记。孩子对父母的情感需求，是其他感情都替代不了的。如果缺少了血肉相连的父母之爱，极可能使孩子因情感缺乏而产生情感和人格上的偏差，容易导致心理和行为障碍，如对人对物缺乏爱心，还容易产生暴力倾向和行为等问题。

既然为人父母，就应承担起对孩子的主要教养职责。父母是孩子的安全岛，是他们情感相依的温馨港湾。因而，不管工作多忙，事业多重要，都要尽可能抽时间与孩子在一起，不能把孩子的教育权、抚养权完全交给长辈或他人照管。在教养孩子的问题上，父母才是不可缺少的主角。而他人可以成为父母的帮手，但绝对不能成为负责教养孩子的主力军。

洛克支招DIY

再忙也要做个好父母，为了孩子的美好未来，一定要亲自带孩子，同孩子一起成长。

● 做有责任的父母。为人父母是一种责任，不能生了孩子后贪图清闲自在，只做"甩手掌柜"。在时刻关注孩子冷暖安危的同时，还要时刻不能放松对孩子道德、智力的培养和引导，从而保证孩子身心健康的成长。

● **学点育儿知识。** 做了父母，就要承担起父母的职责，要提高教育的责任感，把教育孩子当成头等重要的大事来做，并要为此做足功课。多学习一些抚养教育孩子的科学知识，掌握一定的教育方法和艺术。这样，才能为孩子的健康成长提供可靠的保证，最终把孩子调教成有用之才。

● **尽量多和孩子在一起。** 不论工作有多忙，或是其他方面的原因，都要尽可能地抽出时间来与孩子多亲近，给孩子更多的爱抚。早晨上班前和孩子聊聊天，晚上下班后与孩子一起做做游戏，吃过晚饭带孩子出去散散步，睡觉前给他们讲个小故事等。只要将这些零星的碎片时间充分利用起来，完全可以打造出高质量的亲子陪伴。

● **最好把孩子带在身边。** 无论是外出打工，去外地创业、就学，还是离异，只要有条件，就一定要把孩子带在身边亲自抚养。即便不能给孩子提供更好的物质生活，孩子也会因有父母爱的陪伴感到满足和快乐。

● **时常向孩子传递爱的情感。** 对于的确有困难，不能亲自带孩子的父母，也一定要注意时刻把孩子挂在心上。可以经常通过打电话、通信等方式，把自己的爱传递给孩子。这样孩子才会减少与父母的距离，在心里和父母保持亲近。

洛克小语 ♡

　　亲自教养子女是为人父母的职责。如果家长因为怕麻烦，而不去教养自己的子女，就是严重的对孩子不负责任。不管家里是什么境况，能亲自教育孩子就是对孩子最好的给予。

自己看，引导孩子自行做出评判

具体、生动的形象更容易打动孩子。对孩子口头上的说教和开导，远不如把生活中那些鲜明的事例摆在他们面前，让他们通过自己的观察得到的经验更准确，印象更深刻。

😮 故事的天空

3岁的青青和妈妈走在去往动物园的路上，小家伙欢快地跑在前面，小嘴里还发出"嘀嘀嘟嘟"的开车声。

几个五六岁大的小男孩在路边开心地大喊大叫着，青青好奇地跑过去，原来他们把一只受了伤的小青蛙围在中间，你一脚他一脚地踢着玩儿。

妈妈看到这一幕，赶紧制止道："孩子们，青蛙是人类的朋友，咱们不能伤害它呀！"

几个小家伙相互做了一个鬼脸，嗷嗷叫着跑远了。

那只受了伤的青蛙获救了，喘息了一阵子，一跃一跃地跳进了草丛。

妈妈蹲下身来，问儿子："小青蛙可不可怜呀？"

青青使劲儿地点

点头。

妈妈又问："那几个小哥哥做得对不对呢？"

青青用力地摇着头，说："不对！"

妈妈又问："以后你碰到这种情况怎么办？"

青青想了想说："我要爱护小青蛙。"

妈妈继续启发道："不仅是小青蛙，其他小动物也要保护。"

青青一边凝视着小青蛙跳离的方向，一边若有所思地点点头。

吕姐爱心课堂

空洞的说教并不能让孩子明白其中的道理，家长应该通过实例现场教育，让孩子直观地看到事件的本相。只有这样，他们才能明白道理，并注意修正自己的行为，避免下次犯下同样的错误。

约翰·洛克说："在各种教育儿童的方法中，最简单明白又最容易见效的方法就是找出孩子应该学习和应该避免的榜样，放在他们面前。这样所产生的吸引或阻止他们去模仿的力量，比任何说教都有效果。"榜样的力量是无穷的，孩子是在模仿中学到本领和辨别是非的，所以最好的教科书就是现场和发生在身边的事例。

把生活中的事例作为教材，能够起到良好的教育作用。因为这些事就发生在孩子身边，甚至他们本身就是事件的主角或观众，具有情景性和直观性，可以使孩子更加清晰地看到事件的本质，而不是获得间接、抽象的知识经验。

孩子没有基本的生活经验，在他们的记忆库里，难以找出与父母说教相对应的经验。在教育孩子上，要想教他们明白什么是美好的德行，什么是不可取的行径，用口头开导和说教，远不如让他们直接去看别人的所作所为。这种指导孩子去观察，让他们通过"自己看"的办法，更容易让孩子看清那些行为的优劣之处，从而使他们对事件认识得更清楚，印象更深刻。

洛克支招DIY

现实生活是复杂多样的，有正直、善良，有欺诈、虚伪，有真善美，也有假丑恶等。对于孩子来说，不可能具有辨别能力。所以，家长要善于抓住生活中的典型事例，随时随地、有针对性地对孩子进行教育。让他们明辨是非，学有榜样，行有规范，在幼小的心中播下爱与道德的种子。

● 善于捕捉生活中的典型事例。幼小的孩子思维具有直观性，生动活泼的现实会更容易打动他们，给他们留下深刻的印象。家长要做一个有心人，随时在现实生活中抓住发生在孩子身边的事例来教育孩子，让孩子通过这些事例或人物受到教育。

● 指导孩子做出评判。在让孩子"自己看"的同时，父母还应给予指导，循循善诱地通过这些事例引导孩子做出正确的评判。

● 要根据孩子的年龄和心理特点进行教育。每一个年龄段的孩子，无论是思维、理解力，还是分析能力，都有所不同。一岁的孩子肯定弄不懂三岁孩子该知道的问题。因此，家长应在引导孩子"自己看"的同时，也要根据孩子的年龄和心理特点进行相对应的教育。这样，才能使孩子更容易接受和理解，效果也会更好些。

● 给孩子树立榜样。家庭成员的行为是孩子模仿最多的，对孩子的个性心理品质形成起着潜移默化的作用。所以，家长要时刻给孩子做出榜样，用真实事例引导孩子，让他们逐渐明事理，辨是非。

洛克小语 ♡

用具体可见可感的事实去让孩子修正自己的行为，没有什么事情能像榜样这样既温和而又深刻地作用于人的内心了。

及早根除孩子的不良倾向

对于孩子刚刚表现出的不良行为，父母应及时给予关注和引导。如果姑息和纵容孩子，使他们的过错生根发芽，再矫正和清除起来就困难重重了。

🟥 故事的天空

3岁的娇娇是一个活泼可爱的小女孩儿，水灵灵的大眼睛，脆生生的稚言稚语，谁见了都喜欢摸摸她的头顶，掐掐她那嫩乎乎的小脸蛋儿，自然还要引她发声，你来我往地说上几句。每当有客人来，娇娇妈妈都要女儿陪陪客人，这已经成了惯例。

星期天，好友程红一家专程从外地过来相聚，大家其乐融融聊得甚欢。

娇娇特别喜欢比自己大1岁多的小哥哥，两个孩子各自依偎在大人身边边玩玩具，边说着孩子之间的话语。突然，娇娇来了一句"他妈的，真好玩！"然后自己还得意地用小手捂着小嘴开心地嘻嘻笑着。

两个大人突然停止了说笑，娇娇妈妈更是惊讶地张大了嘴巴，半天没有反应过来。还是程红反应快，转移着话题，想把这尴尬场面应付过去。

尽管大家依旧有说有笑，娇娇也没有再口吐脏话，可是娇娇妈妈心里却很沉重。送走好友后，开始反思着，觉得自己有些疏忽了，孩子学会了说脏话却没有及时发觉，简直是太失职了。

晚上娇娇爸爸回来之后，不以为然地说："小孩子嘛，说几句脏话没什么大不了的，不用过分在意。"

娇娇妈妈担忧地说："不行，这个头不可开，一定要及时教育孩子，及早根除任何不良倾向。"

吕姐爱心课堂

养成一个好习惯需要很长时间，而改掉一个坏习惯，则需要付出数倍的时间和精力。因此，当孩子出现了不良行为倾向，切不可大意，应及时堵塞漏洞，引导和帮助他们纠正偏离的方向，以使孩子踏上良好行为习惯的正轨。

约翰·洛克说："孩子形成一些不良习性，多是因为家长过去疏于管教的结果。假如孩子一出现不良倾向马上被注意，孩子刚做了什么不规矩的事就及时采取措施矫正，是不难把它更正过来的。"他还告诫父母："对于孩子的一些不良行为，一开始就要坚决消除掉，决不能手软，即使孩子年纪很小都不能允许。这好比绝对不能让邪恶的种子生根发芽，一旦出现就一定要马上拔除。"

由于孩子的一些不良倾向并不是同时出现的，每次需要去克服的毛病通常也就只有一种，只要给予重视，是很容易把它们一个个清除的，并且不留一点曾经出现过的痕迹。可家长一旦纵容了孩子，让孩子的过错生根发芽，则根除起来就要花费很大的气力了。

好习惯要从小培养，坏习惯应趁早根除。孩子的许多不良行为习惯都是在不自觉中形成的。这些习惯一经形成，如不及时给予矫正，重复出现一次便会强化一次，逐渐演变成极难改变的恶习。不良习惯会给孩子的一生带来许多不利影响，不仅有损个人的形象，还会妨碍未来的学习、工作和生活。幼年时期正是行为习惯形成的关键时期，这时孩子年龄尚小，可塑性大，因此，对于孩子出现的一些不良行为，家长一定要及时发现，及时引导，将不良倾向扼杀在摇篮中。

孩子出现了不良行为，家长不能等闲视之，要引导和帮助孩子矫正过来。

●**认真对待第一次**。当孩子第一次表现出某种不良行为时，父母一定要给予认真对待。如第一次哭闹索要物品，第一次打小朋友或拿别人东西，都要严肃地告诉孩子这样做不对，以及不对的原因，同时可以给予一点小小惩戒。如果错过第一次最佳教育机会，以后矫正起来就会有一定的难度了。

●**适当淡化孩子的不良行为**。对于一些有可能会引向不良行为的举动，父母可以采取淡化处理的方式，无须强行禁止。如果过于着急地去禁止，反而会形成一种暗示，诱使孩子去注意那些本来还未注意到的东西。

●**注重正强化作用**。对于孩子的不良行为习惯，家长最好不要过分责骂，也不要过分提醒，而是运用夸奖的方式来使之强化。如"孩子今天真有礼貌，一天都没有当众挖鼻孔"，这就会让孩子意识到：原来不那样做，还能得到表扬。为了赢得更多的夸奖，他便会逐渐减少这种不良行为。

●**教给孩子正确的做法**。对于孩子的不良行为，家长不能只告诫或责罚了之，还要告诉他们合适的行为标准，教给他们正确的做法。孩子只有知道了正确的做法，才不会出现错误的举止。

●**一段时间只解决一个问题**。孩子问题多也不要着急，应在一段时间内集中精力解决一个问题，等这个问题解决了，再转移到其他问题上。不能一会儿为孩子骂人处罚他，一会儿又为孩子不写作业而不停地批评他。这样孩子会无所适从，哪个问题都难以得到纠正。

●**不可操之过急**。对于已经成为习惯的不良行为，纠正起来当然也不可能一蹴而就。家长要有耐心，应肯定孩子细小的进步，增强孩子的自信。如果对孩子一下子要求过多，孩子达不到标准，家长就会失望，孩子也会泄气，从而不利于孩子不良习惯的矫正。

洛克小语 ♡

对于孩子的一些不良行为，一开始就要坚决消除掉，决不能手软，即使孩子年纪很小都不能允许。

认真回答孩子的提问

好奇是孩子的天性，他们希望了解和探索这个世界，是求知欲的体现。面对孩子数不尽的小问号，家长应重视孩子最初对世界的探索，积极回应他们的每一个问题。

故事的天空

4岁的小豆豆天生就是一个"问题多"，他的问题千奇百怪，父母根本应付不了，面对孩子的提问，要么是敷衍，要么是装聋作哑，他们最怕孩子提问题了。

小豆豆从父母那里得不到满足，就把目标转移到来客的身上。当刘敏阿姨来访时，小家伙看阿姨脾气好，就依偎在她怀里问这问那。

小豆豆问："阿姨，为什么你和妈妈没有胡须，爸爸脸上长胡须呀？"

刘敏说："阿姨和妈妈都是女的呀，胡须是男人的标志。"

小豆豆又问："那我也是男人，怎么没有胡须呢？"

刘敏笑着摸摸他的小下巴，说："你还只是个小男孩，称不上是

'男人'，等小豆豆长大了，就会和爸爸一样长胡子了。"

小家伙大眼睛忽闪了一阵子，看到窗外飞过的小鸟，又有了问题："为什么小鸟身上有翅膀，我的身上没有呢？"

刘敏说："小鸟的翅膀是用来飞翔的，豆豆是用脚来走路的，所以不用长翅膀。"

豆豆妈妈洗好草莓端过来，趁儿子吃水果，空不出嘴来提问题，诉苦地说："这孩子可烦人了，整天问些千奇百怪的问题，我都快被他烦死了。"

刘敏说："孩子爱提问题，是聪慧和求知欲的表现，是好事情啊！"

豆豆妈妈笑笑说："好是好，就是回答不了。"

刘敏介绍经验说："多多充电，买几本类似《十万个为什么》的书籍，现在可以讲给他听，将来识字了，他还可以自己看，一举多得。"

豆豆妈妈觉得是个好办法，决定改天就去买几本书学习学习，好好应付一下这个难缠的小家伙。

🙂 吕姐爱心课堂

面对孩子的"问题多"，很多家长都会感到烦恼、困惑，于是往往采取敷衍的方式，觉得小孩子什么也不懂，即便讲给他了，也未必能理解。

约翰·洛克说："孩子的好奇心蕴含着希望增长知识的欲望，应当给予鼓励。这是自然给孩子准备好的一种工具，以此用来去除孩子初涉尘世的无知。孩子若非好问，便会因无知而变得愚蠢无用。"

可以说，孩子爱提问题，是聪慧的表现，他们是在探究这个世界。家长一定要给予支持，而不是不耐烦。不管孩子提出什么问题，都不能制止他，也不能笑话他，以免打消孩子的探索积极性。

好奇是人类的天性，孩子们更是如此。他们初涉人世间，对各种事物都充满浓厚的兴趣，一切在他们眼里都是新鲜、有趣的。为了弄明白这些神秘、奇怪、新鲜的事物，孩子就会不断地问"为什么"，并将希望寄托在"无所不知""无所不能"的父母身上。他们就是在不断的提问下，来增长见识，学习知识。

任何一个问题都闪耀着孩子智慧的光芒。孩子渴望了解世界，是他们认识世界的开始，正确的思维方法就是在这个过程中形成的。这是孩子求知欲的表现。他们在能用语言表达自己的意念之前，实际上已经有了一些思想。开始提问，就意味着他想主动认识各种事物，学习外界知识。所以，家长应耐心进行引导，帮

倾情解读约翰·洛克卓越教育

助孩子学习知识，了解这个世界，来扩大孩子的知识面，丰富他们的心灵。

洛克支招DIY

每一个聪明的孩子都是一个活生生的小问号，这是他们增长见识的好时机。家长要趁机多为孩子提供各方面的知识，不要因为孩子问题多而且五花八门，就拒绝回答，这会扼杀孩子探索的兴趣，打消他们学习的积极性。

●**耐心地给予作答**。对于孩子的"问题多"，家长不能产生厌烦心理，一定要有耐心，认真倾听孩子的提问，并尽量予以热情周详的解释。不能因为自己正忙或回答不了，就挥手让孩子一边玩儿去，或粗暴烦躁地拒绝回答，这会打消孩子的积极性，甚至使他们认为家长是一个什么也不懂的人。即使孩子的问题不着边际，也不要斥责他是在胡思乱想，以免给孩子带来不好的心理暗示，影响心理发育。

●**不要给孩子似是而非的答案**。对孩子的提问，能回答就回答，如果一时回答不上来，要向孩子做出合理的解释，如告诉孩子查找一下资料再讲给他。千万不要因为孩子小就随口欺骗他，这会误导孩子，不利于他们的成长。

●**要让孩子听得懂**。在回答孩子的问题时，要根据他们现有的知识和思维能力，用浅显的科学道理直接明确地告诉他，让孩子听得懂，能够理解。而不能给他们一个过于深奥而不能理解的答案，这会使孩子更加迷惑。

●**鼓励孩子多提问**。除了耐心地作答外，还要对孩子的提问予以鼓励。无论孩子的问题多么简单、幼稚、可笑，多么难回答，父母都应该鼓励他提问，使孩子感到提问题是一件快乐的事情，对孩子的思维发展大有好处。

●**让孩子自己寻找答案**。对于稍大些的孩子，当他提出问题时，可以让他先思考一下，然后自己去找出答案。即便孩子的答案不正确，也不要一口否定，而是帮他分析问题，找出错误，让孩子弄明白。

洛克小语 ♡

孩子的好奇心蕴含着希望增长知识的欲望，应当给予鼓励。这是自然给孩子准备好的一种工具，以此用来去除孩子初涉尘世的无知。孩子若非好问，便会因无知而变得愚蠢无用。

自信乐观，让孩子充满活力

天真活泼本应是儿童的天性，可是有些孩子却过早地"成熟"，缺乏朝气与活力，一副老气横秋的模样。这是家长不当的教养方式所致。过严的管教，易使孩子变得懦弱和沮丧。因而，一定要帮孩子摆脱这种不良的心理特征，让他们内心充满阳光，活力四射。

故事的天空

5岁的蛋蛋像一个小大人，懂事乖巧，最喜欢独自一个人默默面对窗口看万变的世界。即便和小朋友们在一起，他也总是沉默寡言，喜欢当观众，而不是做主角。

蛋蛋的父母都对孩子感到很满意，觉得把蛋蛋调教成了一个沉稳听话的好孩子，还到处"传经送宝"呢。

蛋蛋的小姑是一家幼儿园的教师，周末到哥哥家来做客，当他们一起探讨起教子经，便把蛋蛋作为典范抬了出来。

小姑和侄子交流了几句，就对哥哥嫂嫂提出了批评："你们这哪是在爱孩子啊，简直是把蛋蛋给毁了！"

哥哥和嫂嫂面面相

倾情解读约翰·洛克卓越教育

觑，瞪大眼睛等着妹妹的下文。

她说：“蛋蛋看似老成，实际上是自卑，内心世界是封闭的。几岁的孩子应该活泼好动，可是蛋蛋却被你们调教成了小呆子。看似听话、温顺，其实是心理方面有了暗疾，如此下去，对孩子的成长是十分不利的。”

听了妹妹这样一番不客气的批评，夫妻俩也觉得事态严重了，赶紧向妹妹讨教，决定改变以往错误的教子方式，让孩子重新变得活泼，充满活力。

吕姐爱心课堂

把孩子调教成温顺、听话的小绵羊，并不利于他们的成长。小小的年纪就是一副老气横秋的模样，完全失去了儿童天真的本性，是孩子的大不幸。一些孩子之所以出现这样的状况，多是家长管教过严所致，从而夺走了孩子天真烂漫的童心，造成孩子软弱、依赖的性格，不利于他们良好品性的塑造和创造力的发挥。

约翰·洛克在长期教育孩子的过程中发觉，“如果一个孩子的精神被大人管教得过于严格而致沮丧颓废，他就会失去生命本有的活力与朝气。这种消沉和萎靡不振，是一种比放荡不羁更坏的情形”。所以，父母在教子过程中，要避免对孩子管教过多、过细，事无巨细地干涉和限制。孩子没有足够的自由，处处受父母的长期挟制，会使得心情压抑、缺乏自信。这种状况如果持续，将会使他们变得沮丧和失落。

快乐和自信是每一个成功者必备的心理要素。对于不幸陷入沮丧状态的孩子来说，他们精神抑郁、态度懦弱，很不容易振作起来，这样也就很难成就什么事业。因而家长在教子时，要少些严厉和限制，并审时度势地多进行表扬和鼓励。这样，才能帮助孩子克服自卑、树立自信，从而使他们摆脱沮丧、抑郁的性格，变得活泼开朗起来。

洛克支招DIY

自信、乐观的情绪能够使人变得积极向上，富有精神和朝气。而沮丧、灰心、抑郁等不良情绪，会使人变得缺乏活力和创造力，严重的还会影响人的身心健康。所以，让孩子杜绝沮丧、充满活力，是每个父母必须要尽的职责。

●不要对孩子控制过严。一些父母望子成龙，过分追求完美，对孩子处处干涉，管教过严，这会使孩子感到压力过大，对孩子的心理健康产生消极影响。因而，在管教孩子时不要居高临下地给他们施加过大的压力。

●**该放手时要放手**。要给孩子独立自主的权利，不要对孩子干涉太多，事事过问。而是要让他们有独立思考和做事情的空间和时间。只要没有危险性，孩子喜欢做什么就让他们去做好了，这样有利于孩子产生自信和学到本领。

●**鼓励孩子多交朋友**。和他人融洽相处者的内心世界是明朗、宽广的，因而父母不要把孩子关在家里，而是要让孩子走出家门去广交朋友。

●**多对孩子表扬和鼓励**。表扬和鼓励有助于孩子克服自卑、树立自信，因而父母要多发现孩子的优点和长处，并马上给予鼓励、赞赏，让孩子获得成功的体验。

●**为孩子做出榜样**。父母的乐观豁达也会"传染"给孩子，一个民主氛围浓厚的家庭，孩子也会心胸宽广、乐观自信。在孩子面前，父母与人相处要厚道，做到热情真诚待人，面对挫折应积极、乐观、充满自信，给孩子树立一个好榜样。

●**拒绝管教，让孩子放任自流不可取**。过分严厉管教不利于孩子的成长，拒绝管教，让孩子放任自流，同样不可取。家长也不可走极端，过分放纵同样会给孩子带来不良影响，它容易使孩子养成散漫的习惯，缺乏自制力，易受外界诱惑，不能很好地接受社会约束。因而，家长应做到宽严相济，管教适度。

洛克小语 ♡

　　如果一个孩子的精神被大人管教得过于严格而致沮丧颓废，他就会失去生命本有的活力与朝气，这种消沉和萎靡不振，是一种比放荡不羁更坏的情形。

体验自制玩具的乐趣

　　玩具对于孩子的成长，有着极大的作用。而让他们亲自动手制作玩具，更能激发孩子的学习热情，给他们带来妙不可言的感受。在大大提高动手、动脑能力，丰富想象力的同时，还能使孩子玩得更有乐趣。

故事的天空

　　6岁的翔翔有着数不清的玩具，什么电动火车啦，升降起重车啦，激光枪啦，积攒了两大纸箱，想什么时候玩就什么时候玩，玩腻了就随手一扔，再去拿别的玩具，一点也不知道爱惜，每次都弄得一片狼藉。

　　翔翔妈妈可羡慕妹妹家的玲玲了，才3岁的孩子，就知道爱惜玩具，从来不乱扔，玩过之后主动把玩具放回玩具箱。为此，她利用周末带儿子去感受一下，准备对儿子进行一番现场教育。

　　玲玲家的玩具也不少，可是很少从商场买现成的，大都是她们母女俩亲自动手制作的。当他们进门时，玲玲正在妈妈的指导下制作长耳兔，翔翔虽然是一个

男孩子，可当看到小表妹亲手制作的布娃娃和小动物时，手心也开始发起痒来。于是，在小姨的指导下，翔翔也加入到制作玩具的活动当中。

　　经过大半天

的劳作，翔翔终于和小表妹合作把小兔子"造"成了，一股成就感油然而生，他的小脸乐成了一朵花。

妈妈借机鼓励道："要是你能自己独立完成一件该多好啊！"

翔翔小胸脯一挺，保证道："能。"

于是，翔翔决定在小姨家住下，开始专心地学习制作玩具。

吕姐爱心课堂

玩具既是孩子生活中的好"伴侣"，也是开启他们智慧之门的"钥匙"。在幼儿认识周围世界的过程中，玩具起着不可低估的作用。孩子通过看、摸、把玩玩具，来认识事物，增加对感觉器官的刺激，促进感官活动。

如今的孩子都不缺少玩具，年轻的父母很是舍得为孩子花钱。只要孩子喜欢，能够健脑益智，统统给他们"拿来"。可是，玩具太多了，孩子不仅不知道珍惜，反而对哪样玩具的兴致都不高，影响了孩子主动学习的积极性。

约翰·洛克在肯定"孩子应当有各式各样的玩具可以玩"的同时，也向家长提出建议："没必要给孩子买过多的玩具，他们的玩具在大自然中、在家中比比皆是，可以提供材料，让孩子自己动手制作玩具，来激发他们的学习热情。"孩子玩玩具既动手又动脑。虽然当今玩具造得更加新颖，令人眼花缭乱，但是玩具的基本功能并没有变，仍旧是动手动脑、娱乐和教育的工具。与其给孩子买玩具，不如让他们自己制作玩具，更能丰富他们的想象力，锻炼动手、动脑的能力。

让孩子动手制作玩具好处多多。首先，它是一种创造性的劳动，从选材到造型设计都需要孩子积极想象，能够发展孩子的智力和创造的才能；其次，还可以培养孩子不怕困难，坚持到底，为了目标而努力的良好意志品质。在孩子动手制作的过程中，使他们手的动作不断得到发展，掌握使用各种工具的本领，从而造就出一双灵巧的小手。

更重要的是，制作过程本来就是"玩"的过程。它能使孩子主动参与，并且使获得成功的心理需求得到满足，从而激励了孩子的创造与实践。由于是自己的劳动成果，孩子也会更加懂得爱惜玩具。

洛克支招DIY

和孩子一起制作玩具，不单纯是玩，还蕴含着丰富的教育意义。巧手父母不妨把生活中废弃的物品合理利用，和孩子一起体验自制玩具的乐趣。不仅省钱，还能打造出一个聪明、节俭、心灵手巧的孩子。

●**从身边废旧物品取材**。家里的碎布头、旧衣服、塑料瓶、鸡蛋壳、包装盒等都可以作为制作玩具的材料。家长平时应留心收集一些日常生活中丢弃的废物，将其消毒、清洗干净，在需要时可随时用。

●**利用大自然**。大自然中也到处是制作玩具的好材料，如鹅卵石、树叶、植物的种子、玉米芯、泥巴等。这些东西随处可见，唾手可得。根据它们不同的特性稍作加工，就是一件惟妙惟肖、生动逼真的作品。

●**借助半成品**。为了让孩子尽早学会，可以去买一些现成的半成品，然后按照说明书和孩子一起来完成。

●**从孩子熟悉的事物做起**。制作的玩具，最好不要脱离孩子的认知及周围生活。可选择他们经常看到的、熟悉的，或非常喜爱的事物，如汽车、布娃娃、小动物等。

●**应先易后难**。由于孩子小，可以先从简单的玩具做起，然后逐渐过渡到较复杂的制作工艺。刚开始父母可以和他一起做，之后再逐渐让孩子独立完成。

●**要对孩子有耐心**。父母要有耐心，不能看到孩子笨手笨脚做得不好，就大失所望，不去认真指导。这会使孩子丧失自信心。其实，只要孩子愿意参与，就是最大的成功。

●**不得包办代替**。有的父母嫌孩子碍手碍脚，干脆大包大揽，独自操作。这样一来，孩子就得不到应有的锻炼了。应与孩子共同进行这一创作，给他们一个学习锻炼的机会。

洛克小语 ♡

　　孩子可以拥有多种玩具，但不可以常常给孩子买玩具。他们的玩具在大自然中、在家中比比皆是，可以提供材料，让孩子自己动手制作玩具。这样能够让孩子习惯于用自己的力量去获得自己想要的东西，并且能够从中学到降低欲望、全神贯注开动脑筋、为了目标而努力、节俭等优秀品质。

在旅游中增长见识

　　培养孩子的能力，就应该让他们尽早走出家门。行万里路胜过读万卷书。在这个动态的学习活动中，孩子能敏锐地捕捉到更多东西，体验到更多感受。

故事的天空

　　5岁的乐乐真的很快乐，别看小小的年纪，已经是一名"老资历"的游客了。早在他两三岁的时候，就开始跟随父母外出旅游。每年的小长假，他们一家都有出游计划。

　　"五一"快要到了，乐乐一家开始准备这次小长假的出游。看到他们一家兴冲冲的样子，邻居王奶奶说："好不容易有几天休息，待在家里多好啊，外边乱哄哄的有什么好去的。"

　　乐乐的父母笑着说："带孩子出去见识见识呗！"

　　王奶奶伸手摸摸乐乐的头顶，说："这么小的孩子能记住什么，别累着孩子！"

　　乐乐妈妈赶紧对儿子说："快跟奶奶说说你长了多少见识。"

　　乐乐给王奶奶讲大海和海鸥，讲在草原数星星，讲在大兴安岭的原始森林里拾松塔，讲在五指山的香蕉树下边乘凉边喝甜甜的新鲜椰子汁……

　　王奶奶听得入了

迷，连连夸道："好好，真的很长见识！好羡慕你们啊，我要是能走得动，也该出去见识见识了。"

吕姐爱心课堂

带孩子出游，也是家教的一种好方法。那些辛苦而又让人兴奋的经历，极大地拓展了孩子的生活空间，丰富了孩子的阅历，对他们的心智发展大有裨益。

约翰·洛克比较支持带孩子经常出游，他说："旅游可以使孩子增长见识，开阔视野。孩子通过旅游接触到各种各样的人，了解了他们各具特色的性格、习俗与生活方式，把这些人跟自己家乡的人相比较，能让孩子从中获得知识，也会使孩子变得眼界开阔而稳重。"

亲子旅游越来越成为一种时尚，年轻的父母赶快投入到这股激流当中来吧。由于孩子精力充沛，好奇心源源不绝，带着孩子去旅行，能让他们在"行万里路"的旅游体验过程中，更多地接触和亲近大自然，捕捉到更多东西，体验到更多感受。这样做不仅可以增进与孩子之间的情感交流，提高孩子的审美情趣，使他们体能得到锻炼，更能帮助孩子开阔眼界、增长见识，了解各地的风土人情，体会大自然的种种神奇。

洛克支招DIY

旅游是一种动态的学习活动，丰富的旅行经历是孩子一生的财富和资本。多带孩子走出家门，更加有利于孩子的身心发展。在尽情享受美好亲子时光的同时，相信对孩子的教育要比读书取得的效果好得多。

● **制订出游计划**。父母要与孩子共同收集资料，做好旅游计划书。如对出行线路、要去的景点、饮食住宿、往返交通工具、旅途安全、订票等事项做通盘考虑。这样可以教孩子学会如何制订出游计划，对培养孩子有条不紊地做事有很大的帮助。

● **给孩子出行期待**。事先让孩子有个外出的心理准备是很有必要的，可以事先描述旅游的趣事，让孩子对旅游充满期待，以便使孩子有目的地去观察，去感受。

● **选择合适的目的地**。要选择能让孩子感兴趣的目的地，如海滨、自然风景区等，可以使孩子与大自然亲密接触。最好不要去环境嘈杂拥挤或过于刺激的地方，令孩子感到不适应。

●**带好吃喝玩等物品**。带上足够的水、小食品和小玩意，当孩子渴了、饿了，能及时救急。如坐车时，可以让孩子玩玩玩具，使孩子感到旅途是很快乐的。

●**安全第一**。 注意安全是玩得尽兴的前提，为防止孩子遭到意外伤害或走失，在有山有水的地方，家长要与孩子寸步不离，万不能疏忽大意。

●**对孩子进行引导**。在旅途中，家长要引导孩子去发现新鲜的事物，让孩子的眼睛看到更多的事物，耳朵听到更多的见闻。这样能让孩子学会观察，并使他们了解更多的旅途见闻，收获更多的知识。

●**旅游归来的追忆**。旅游结束后，不妨和孩子一起回忆一下旅行途中印象最深的事，最好让孩子讲解所见所闻、心得体会，从而加深孩子的印象，并锻炼其语言表达能力。

洛克小语 ♡

　　旅游可以使孩子增长见识，开阔视野。孩子通过旅游接触到各种各样的人，了解了他们各具特色的性格、习俗与生活方式，把这些人跟自己家乡的人相比较，能让孩子从中获得知识，也会使孩子变得眼界开阔而稳重。

第六章

平等互爱，密切亲子的平台

约翰·洛克认为，人与人之间应该存在起码的尊重，这种尊重表现出来就是：双方是一个平等的关系，哪怕是在家庭内部，父母与孩子之间也应该存在平等。只有与孩子平等互爱，他们才有可能敞开心扉，乐于听从父母的教诲和引导。

营造健康、文明的家庭氛围

在充满文明民主的家庭中，会自然形成一种相互关爱、和谐、温馨的氛围，这种健康文明的家庭氛围，有利于孩子聪明才智的成长。

——约翰·洛克

🕐 阅读时间：<u>30</u>分钟   🎓 受益指数：★★★★★

让孩子感受到你的爱

爱孩子，就要向孩子表达出你的真情，让他切身体会和感受到你对他的浓浓爱意。沐浴在爱的阳光里，能使孩子倍感温暖，变得自信。同时，孩子会铭记和感受这份爱，再把这份爱传达给身边的人。

📖 故事的天空

在公园里的假山前，还没有结婚的齐萍萍遇到从前的好姐妹张赢，婴儿车里坐着她1岁的女儿波波。

好友相遇自然有着聊不完的话题，张赢边和好友说着话，边不时地关照一下安静地坐在小车里的女儿，一会儿摸摸她的小手，一会儿亲亲她的小脸蛋。

齐萍萍有些失落

地说："看你忙的，连话都不能好好说。"

张赢一脸幸福地看看女儿，说："你是吃不到葡萄就说葡萄酸，等你将来结婚有了小天使，你就知道当妈妈有多幸福了。"

齐萍萍不以为然地说："有什么呀，天天还得侍候孩子，简直是添乱。"

张赢把女儿从小车里抱出来，亲亲她的小脸蛋，说："这个世界上孩子可是最好的开心果哦！"

齐萍萍说："即便孩子真的那么好，也没必要非得天天腻在一起呀。"

张赢说："你这就不懂了，你得让孩子感受到你的爱，她才会感到幸福的。"

齐萍萍哈哈大笑着说："这可就更搞不懂了，这样一个小不点儿懂什么，就是一个小肉团嘛！"

张赢把孩子往齐萍萍怀里一塞，说："你先感受一下这个小肉团吧。"

小波波还真的不认生，伸出小手去摸齐萍萍的脸颊，咧开小嘴笑着。

齐萍萍虽然有些手忙脚乱，可是看着孩子的小笑脸，闻着她那有些奶香味的气息，还真的觉得这小肉团很可爱呢！

🧒 吕姐爱心课堂

只有做了父母，才能感受到孩子带来的爱。这个"小可爱"就是父母的开心果，但是孩子同样需要来自父母的爱，只有互动起来，才能融洽亲子关系。

约翰·洛克说："父母应将孩子看作生活中的一个小伴侣，疼爱他、宽容他，自然而然地去爱抚他，对他表示亲热，让他感觉到你在爱护他、关注他。假如你在关注孩子，对待他的各种方式不缺乏爱怜，他就会对你产生非常爱慕的感情。这是一种孩子对父母发自内心的敬仰之情，是我们所期望达到的境界。"在现实生活中，许多父母并非不爱自己的孩子，而是表达得过少或不得当，使孩子感受不到足够的爱。

向孩子表达父母的爱，能尽早和孩子建立起一种积极、健康的亲子关系，会使孩子的心灵得到满足，更加自信和幸福。所以，为了孩子幸福健康地成长，为了孩子在享受爱的同时，将更多的爱传送给他人，应真诚地向他们示爱，让爱更加具体而温馨。

研究表明，那些感到被爱包围的孩子，往往有更好的社交能力，工作学习起来也更有热情。爱，能使孩子更勇敢、自信地面对人生旅途上的失败和挫折。反之，孩子则会认为父母不喜欢自己，得出"我不讨人喜欢""没有人爱我"的错误结论，从而影响其性格的健康发展，甚至会影响到孩子将来的幸福。

洛克支招DIY

爱孩子，就要表达出你的真情，让他们切身体会和感受到，从而和孩子建立起亲密、信任的亲子关系。

● **爱不需要羞羞答答**。年幼的孩子还解读不了来自父母内心深处含蓄的爱意。所以，爱孩子就要明确地告诉他"我爱你"。这种简单明了的示爱，能袒露父母最真实的感情，使他们感受到来自父母浓浓的爱。

● **借助肢体语言传达爱意**。爱抚孩子，和孩子进行适当的身体接触，也是让孩子感受到父母之爱的重要方法。父母温柔的抚摸，发自内心深处的拥抱和亲吻，都能用行动向孩子表明对他的爱没有任何条件，使孩子的内心倍感温暖、放松和安全。

● **用眼神告诉孩子你的爱**。眼睛是心灵的窗口，它能准确地反映出一个人的内心世界。一缕深情、慈爱的目光，也能让孩子接受到来自父母"爱"的信号。

● **陪同孩子一起玩耍**。和孩子一起游戏玩耍，也是向孩子表达爱的一种方式。孩子对情感的依赖超过成人，他们需要交流，需要知道父母就在身边，自己时刻被他们的爱包围着。只有这样，孩子才能感受到爱和温暖。

● **理解孩子的感受**。如果孩子受到了挫折和委屈，要理解孩子内心的感受，给他们受伤的心灵以安慰。使孩子感觉到父母爱自己、理解自己，而且，还能让他尝到与父母心心相印的滋味。

洛克小语 ♡

父母应将孩子看作生活中的一个小伴侣，疼爱他、宽容他，自然而然地去爱抚他，对他表示亲热，让他感觉到你在爱护他、关注他。假如你在关注孩子，对待他的各种方式不缺乏爱怜，他就会对你产生非常爱慕的感情。

父母要树立起权威

威信是父母与孩子之间达成的一种默契，一种积极、肯定的互动关系。在家庭教育中，父母一定要树立起权威。这种无形的、潜在的教育魅力，无处不在地在指引着孩子健康成长。

故事的天空

4岁的球球是一个天不怕地不怕的小家伙，对父母的话从来都当耳旁风，俨然成了家里的"小皇帝"。

在公园里，球球"霸占"着木马不肯下来，有几个小朋友排着队等候着，球球妈妈央求道："儿子，咱们去那边玩秋千吧？"

球球就是不肯下来，几个小朋友等不及了，只好各自跑散，寻找其他的目标去了。

球球妈妈批评儿子："看你，让大家多扫兴啊。"

球球扬着头，根本不理妈妈。

妈妈尴尬地看看身边一个手牵着孩子的妈妈，自己找着台阶下，说："这孩子太淘气了，就是不听大人的话。"

那位妈妈说："其实，主要还是家长没有树立起威信。"

球球妈妈连连点头，无奈地说："真没办法，这孩子拗着呢。"

那位妈妈说："孩子还小，来得及转变的，关键是父母要有信心和办法。"

球球妈妈听后，诚恳地向那位妈妈求教："可找到老师了，快说说有什么好办法。"

于是，两个人坐在长椅上交流起教子的经验来。

吕姐爱心课堂

爱孩子要有度，球球妈妈的遭遇可以说是家庭教育中比较普遍的现象，过于对孩子溺爱，没有树立起家长的权威。结果可想而知，孩子变成了"小霸王"。

约翰·洛克说："如果想让孩子长大成人后依然听从、孝敬你，那么在他少不更事时，一定要把你当家长的威信树立起来。每一位希望培养有教养的孩子的家长，都应在孩子幼小时及早开始管教，让他们习惯遵从父母正确的引导。"

在家庭教育中，父母在孩子心目中拥有一定的权威是必不可少的。如果父母在孩子面前没有树立起威信，毫无威望和信誉，孩子对父母没有适当的尊敬、信任和听从，那么合理的教育就无法实施，更谈不上良好的教育效果了。

父母的权威是一种难以估量的潜在的教育力量，是对孩子进行有效教育和使孩子能自觉地接受教育的条件。如果在孩子心目中能真正树立起威信，那么就算孩子在游戏时过度吵闹，或在不合适的地点玩耍，或做了其他违反规则和准则的事情，只要父母给予指正，说一句话，或给一个眼色，孩子就能自动安静下来或进行自我约束。

威信应建立在与孩子彼此尊重和热爱的基础上。孩子只有在内心深处感激、尊敬父母，才能心甘情愿地听从父母的指导，并努力按照他们的要求去做。

洛克支招DIY

每个父母都希望自己的孩子能够乖巧听话，按照父母正确的指导行事，成为一个知书达理的小绅士小淑女。这就需要从小在孩子面前，树立起父母应有的威信，让孩子懂得尊重和信赖父母，进而与父母建立起一种积极配合的密切关系。

●摒弃虚假的权威。真正的权威，是建立在父母对孩子的尊重和孩子对父母爱戴的基础上的。这时的听命和服从，是孩子心甘情愿接受的。而那些通过高压手段得来的"威信"，不过是虚假的权威。看似"言听计从"，实则是得不到孩子发自内心尊重的。

●注重"言传身教"。要想赢得孩子的尊敬，父母就要在日常生活中以身作则。在要求孩子的同时，自己要率先垂范，身体力行。这是树立威信的基础和关键。

●获得孩子的信任是关键。父母对孩子要真诚，言而有信，说到做到。如果答应孩子的事情总是做不到，或无果而终，那么孩子从父母那里连最起码的诚信和安全感都得不到时，父母的威信自然尽失。

●父母配合要一致。在教育孩子时，父母切不可意见不统一，给孩子双重标准、双重态度。假如一方在教育孩子时，另一方总是打断，或公开表示反对，会使孩子弄不懂到底该听谁的话，父母的权威自然也就很难树立起来。所以，父母应提前商量好策略，配合要一致。如果有不同意见，也不要当面拆台，而是应在背后共同协商。

●让孩子心怀感恩。爱孩子是父母的天职，同时也一定要让孩子了解和懂得父母对他们的爱。孩子只有心存感恩之情，铭记"父母都是为了我们好"，才能对父母产生敬畏之心，并乐于听命。

●营造和谐的家庭氛围。温馨、和睦的家庭氛围，丰富多彩的生活内容，规律正常化的家庭生活，也是保持父母在孩子眼里美好形象和树立威信的重要因素。如果父母动辄大吵大闹，拳脚相加，家里经常是酒场或赌场，试想父母的威信何以树立？

●教育要严慈并重。对孩子品德的教育、习惯的培养、学习技能的锻炼等方面都应严格要求，并使他们努力做好。批评教育孩子时，应运用说理的方式，让孩子心服口服。同时还应多对孩子理解和宽容，不过分苛求他们做不到、不愿做的事情。这是父母树立威信的重要手段。

洛克小语 ♥

　　如果想让孩子长大成人后依然听从、孝敬你，那么在他少不更事时，一定要把你当家长的威信树立起来。每一位希望培养有教养的孩子的家长，都应在孩子幼小时及早开始管教，让他们习惯遵从父母正确的引导。

不要对孩子过分挑剔

有些家长喜欢挑剔孩子，总觉得孩子的表现不尽如人意。人非圣贤，孰能无过。面对孩子成长中的一些小毛病、小错误，不妨以一颗平常心宽容对待。不苛求，少抱怨，也许更能取得意想不到的教育效果。

故事的天空

5岁的隆隆已经睡醒了，他趴在被窝里玩着妈妈给他新买来的玩具手枪。妈妈做好早饭，过来喊儿子起床。看到隆隆在床上玩玩具，先给了他一顿数落："被窝是你玩玩具的地方吗？看把床单都弄脏了。"

隆隆放下手枪，爬起身来抓起衣服就往头上套，可是怎么也套不好。

妈妈早就不耐烦了，一边帮助孩子整理，一边埋怨道："都5岁了，还穿不好衣服，简直笨死了。"

隆隆被妈妈数落了一顿，有些手忙脚乱，在穿袜子时，总是穿不正，妈妈又是没好气地呵斥道："你可愁死我了，怎么这么没用啊！"

隆隆刷牙时，自然胆战心惊，因为妈妈就站在身边监督着。结果可想

倾情解读约翰·洛克卓越教育

而知，又被妈妈横挑鼻子竖挑眼地数落了一番。

看到妻子数落孩子，爸爸插话道："你就是太挑剔了，孩子小，没必要那么追求完美嘛，你越着急，他越紧张。"

妈妈说："你没看要去幼儿园了吗？他这么磨磨蹭蹭的怎么行？"

隆隆最怕妈妈数落了，他穿衣服慢，妈妈数落他；吃饭时把饭菜洒出来，妈妈会骂他太笨；玩具没有及时归位，也会被妈妈批评斥责；在外面玩耍时把衣服弄脏，更是免不了妈妈的数落和责骂。

哎，妈妈真是太挑剔了，隆隆心想：要是妈妈也像爸爸那样经常出差就好了。没有了妈妈的唠唠叨叨和数落，日子该有多轻松啊！

🧑 吕姐爱心课堂

对孩子过分挑剔是许多父母或多或少都犯过的错误，看到孩子笨手笨脚，或做事不符合自己的心意就着急上火，要么斥责，要么代办。其实孩子毕竟是孩子，他们还处在学习、成长阶段，需要有一个渐进成熟的过程。家长过度地挑剔孩子，某种程度上会伤害孩子的自尊心，使孩子迷茫，甚至产生自卑心理，这不利于孩子身心的健康发展。

约翰·洛克说："对于孩子身上的一些小毛病，家长不必过于挑剔，严格过度会造成孩子的行为拘谨，无所适从。管束过多，会导致孩子做事畏缩、唯唯诺诺、缺乏主见，或是对父母畏惧反感却讨好卖乖、说谎成性，这就事与愿违了。"他指出："父母对孩子的管教，重点应该放在人品问题上，花精力努力塑造孩子内在的优良素质，而不是对孩子一些小事的过分挑剔和追求完美。"约翰·洛克的这一番话道出了教育的本质，是值得家长们注意的，对待孩子要有耐心，给他们自我摸索的机会。

父母对孩子过高的要求，是基于望子成龙的心态。可是，孩子的成长是有规律的，父母应该多鼓励，那么孩子犯错误的次数一定会越来越少。如果老是挑孩子的过错，不仅使孩子存在自己常犯错的印象，还会对错误产生恐惧感。这种恐惧心理，导致孩子不敢做，也不愿做任何事情，认为自己愚笨、无能，这样会使孩子真的变得无能，从而一事无成。

如果经常过分挑剔孩子，孩子也会逐渐养成一种抱怨、挑剔别人的毛病，总是埋怨指责他人这也不是，那也不行。这会使他们失去友谊和朋友，在与人交往时不受大家的欢迎。如果不希望自己的孩子成为这样的人，就少对孩子提些要求，不要过分地苛求和挑剔他们，让孩子在自由、快乐的心境中健康成长。

洛克支招DIY

在日常生活中，父母要给予孩子正确的评价，不要用太高的目标要求和挑剔孩子，而是应想办法增强孩子的自信心，使他们更健康、顺利地成长。

● **世上没有完美的人**。金无足赤，人无完人，每个人都不是完美无缺的。对于成长阶段的孩子来说，更是不可避免地存在过错和失误。所以父母应以一颗平常心看待孩子成长中的"不完美"，接受它，并给予孩子正确引导。

● **不要过分挑剔孩子的言行**。孩子的成长需要走好每一步，因而不要过分挑剔孩子。要看到孩子今天比昨天有进步，或者说今年比去年有进步，只要有点滴进步，父母都要给予鼓励。

● **鼓励孩子大胆尝试**。失败是成功之母，只要孩子努力做事，就要多鼓励。有了失败也不要斥责，而是要激励孩子大胆尝试。

● **宽容孩子的错误**。孩子在做事时，由于能力的限制和欠缺，出现失误和错误在所难免。这时父母要用宽容的心态对待孩子，不要过分地挑剔他们在细节上的毛病。应该让他们知道为什么错或者哪里做得不对，应该怎样去做。

● **不要对孩子要求过高**。"望子成龙，望女成凤"是父母的共同心愿，但过高的要求会让孩子不堪重负，使他们时时处处被包围在批评乃至埋怨之中。不仅不能成为孩子成长进步的动力，反而会打击孩子的自信。父母应设身处地地为孩子着想，站在孩子的角度来考虑孩子的内心感受。这样，孩子与父母的沟通才能顺畅，他们也才能身心健康地成长。

洛克小语 ♥

父母对孩子的管教，重点应该放在人品问题上，花精力努力塑造孩子内在的优良素质，而不是对孩子一些小事的过分挑剔和追求完美。过于挑剔孩子身上的一些小毛病，就会造成孩子的行为拘谨，无所适从。

孩子的自尊心伤不得

自尊心是一个人德行的基础，孩子的自尊心一旦受到伤害，就难以愈合，对其一生都会造成严重的影响。所以，家长时要时刻注意不伤害孩子的自尊心。

🔴 故事的天空

6岁的洛洛刚从幼儿园回来，妈妈就迫不及待地伸手要成绩单，洛洛有些不情愿地把小书包的拉链拉开，拿出成绩单无声地递给妈妈。

妈妈接过来仅扫了三两眼，就气哼哼地训斥道："怎么才86分？"

爸爸见状赶紧过来说："这很不错了，一个小孩子能有这样的成绩就可以了。"

妈妈把火气撒到丈夫身上："你总是替他说话，还好意思说可以了，连90分都达不到呢，这样下去

怎么行？简直是丢死人了。你看人家莉莉和军军，总是班里的前几名，成绩从来就没有下过95分。"

爸爸嘻嘻哈哈地笑着说："洛洛已经有了进步嘛，上次不是84分，得让孩子一步一步去争取。"

妈妈大声地说："进步？这也算进步？"转过身来指着儿子的鼻尖说："太让我失望了，早知你这么傻，当初就不要你了。"

洛洛趁父母"拌嘴"之际，悄悄地溜回自己的小房间，泪水无声地流着，心里难过极了。他捂上耳朵，一点也不想听到妈妈冷冰冰、刺耳尖刻的话语。

爸爸见儿子不在身边，降低调门说："跟你讲多少回了，孩子的自尊心不能伤，成绩有什么大不了的，让孩子拥有一个好心态才最重要。你整天用尖刻的语言伤害孩子，他怎么能受得了呢？"

🙂 吕姐爱心课堂

不要认为孩子小，就可以对他们随意加以指责。孩子也是有自尊心的，他们渴望被尊重，特别是被父母尊重。如果孩子终日生活在父母的阴影下，其性格的形成、心态的变化都将受到影响。所以，父母应给予孩子尊重，不要对孩子说有辱人格、有伤自尊的话语。

约翰·洛克说："自尊心是一个人德行的基础，若失去了自尊心，德行便无处可依。有些人之所以变成醉鬼、乞丐、赌徒或盗贼，多是因为他们失去了自尊心而对自己破罐子破摔所致。"所以，孩子的自尊心非但伤不得，还要花大力气去培养。

自尊心是一种要求得到别人尊重的情感，是激发人们积极向上的动力。有了自尊心，才能使孩子不甘落后，永远保持一颗进取心。孩子的自尊心是其健康成长的重要心理因素，对于处在幼年时期的孩子来说，呵护好他们的自尊心显得尤为重要。这个时期是孩子自我意识的形成时期，他们开始注意别人对自己的评价，特别是父母的言行，直接影响到孩子的心理变化。自尊是自信的沃土和温床，如果孩子的自尊心受到打击，那么他的自信心也一定很容易丧失。没有了自信，孩子又哪来的动力和勇气朝着父母所引导和期望的方向前进呢？

孩子幼小，他们的心理比较脆弱，极易受到损伤。让孩子失去自尊心很容易，但重建自尊却是一个艰难缓慢的过程。因此，父母在孩子面前所说的每一句话、每一个举动，都要时刻注意不要伤害孩子的自尊心。

洛克支招DIY

任何人都有自尊，都有被人尊重的需要，小孩子也不例外。他们的自尊心是最伤不得的，一旦自尊心受到伤害，就很难愈合，对其一生都会造成严重的影响。

●**别让孩子"伤不起"**。很多家长看到孩子做错事或不争气，就口不择言地对他们妄加评判，"你真是太让我失望了""看你笨得像个榆木疙瘩""就你那样，别做梦了"……这些嘲讽的语言会极大地伤害孩子的自尊心，使他们的自信心备受打击。家长一定要摒弃这些让孩子受伤的话语，给他们以积极向上的暗示，呵护好孩子刚刚萌发的自尊心和自信心。

●**就事论事，少提"旧账"**。一些家长在批评孩子时，喜欢翻旧账，陈芝麻烂谷子地抖搂一大堆，唠唠叨叨，没完没了。这会使孩子觉得自己一无是处，进而灰心丧气、自暴自弃。在教育孩子时，应就事论事，最好只谈眼前的问题。已经批评过了，就不要再提了，不要总是抓住孩子以往的过错不放。只有这样，孩子才能不断地改正错误，减少犯错的机会。

●**不拿孩子做比较**。每个孩子都有各自不同的特点，家长最好不要拿自家的孩子与别人的孩子作比较，更不要以此来否定自己的孩子。如果总是夸赞其他孩子比自己孩子聪明、能干，就会使孩子自尊心受到伤害，感觉自己"技不如人"，从而对未来失去信心。

●**尊重孩子的"小秘密"**。 每个人都有自己的隐私权，即便是几岁的小孩子也同样有自己不愿说出的"小秘密"。当然，这些所谓的"隐私"，在我们成人看来也许是不足挂齿，甚至是极为荒诞和可笑的，但对于孩子来说，却是他们天大的秘密。所以，父母应给予孩子尊重，不要随意打探和揭穿孩子的"隐私"，保护好孩子的小秘密。

●**不要在他人面前揭孩子的短**。孩子是极其反感家长在他人面前否定自己或揭自己的短处，许多家长认为小孩子不懂得什么是难为情，或是为了显示自己的谦虚，说孩子这也不行，那也不好。其实，小小的人儿也是有自尊心的，为了不让孩子难堪，最好不要当着他人的面否定、指责孩子。

自尊心是一个人德行的基础，若失去了自尊心，德行便无处可依。有些人之所以变成醉鬼、乞丐、赌徒或盗贼，多是因为他们失去了自尊心而对自己破罐子破摔所致。所以，孩子的自尊心非但伤不得，还要花大力气去培养。

爸 妈 私 房 话

盛怒之下莫教子

孩子是需要管教的，但管教要讲究方法，也要体现出父母的爱心，力争给孩子以良性刺激。尽量避免盛怒下教子，那种暴风骤雨、雷霆震怒式的管教，对孩子是一种极大的摧残。

故事的天空

余佳是一位精干、要强的职场女性，工作起来有一股拼命三郎的劲头，每天下班都觉得身心疲惫，可是当看到6岁的女儿晴晴时，又在心底油然升起做妈妈的责任感来。

也许是今天同客户有些合同细节上的争论，余佳下班时心情不太好，当进门看到女儿正在看动画片时，就有些生气地问："你的作业做完了吗？一天就知道看电视，什么时候才能让我省心啊？"

晴晴看得趣味正浓，没有注意到妈妈脸色阴沉，更没有听出语气里的不快，眼睛一动不动地继续盯着电视画面，还不时发出欢愉的笑声。

余佳在门厅里换完鞋，见女儿没有反应，走过去更加不快地说："听见没有！把电视关掉，赶紧写作业。"

晴晴这才回过头来看妈妈，很不高兴地回答说："知道了，知道了。"眼睛依旧恋恋不舍地盯着电视画面。

余佳心头"腾"地冒起一股无名火，"啪"地一下关掉电视，用命令的口气喝道："怎么这么啰唆？赶紧去写作业！"

晴晴无奈地从书包里拿出书和本子，把心中的不满都发泄到了作业本上，故意把字写得东倒西歪，并且还有好几处做错了。

余佳火气更大了，训斥道："你还翻了天不成？有你这样做作业的吗？"

晴晴也生起气来，把作业本一推，干脆"罢写"了。

余佳拿起作业本，把刚才写过的作业扯下来，怒吼道："你必须重写，否则不要吃饭！"

晴晴哭着，就是不肯写作业，母女俩僵持起来。

🙂 吕姐爱心课堂

盛怒之下教子者大有人在。当看到孩子不听话或做错事，一时情绪失控，对他们怒斥、惩罚，甚至动用武力解决。殊不知，这对孩子的伤害是很难愈合的，会影响到他们正常的心理发展。教育的目的是要让孩子认识到自己的错误，并改正错误，但盛怒之下的教育非但起不到应有的作用，负面影响反而是巨大的。

约翰·洛克十分不赞赏在盛怒之下对孩子进行管教，他说："父母太多的斥责，尤其是怒火冲天的斥骂，对孩子的影响可以说是很糟糕的。它和其他暴力形式一样，会损坏家长在孩子心目中的形象，减少孩子对家长的尊敬。"许多孩子之所以不听话，与父母对着干，主要源于父母最初的恶劣态度。这是得不偿失的，这样会使孩子变得更加不好引导和管教。

事实上，在孩子很幼小时，就已经能区别愤怒与理智之间的不同了。他们会尊重父母理智的态度，同时也会轻视丧失理智的发威。不要觉得孩子小，靠呵斥发威就能解决问题。父母在盛怒之下，经常顾不得什么限度，容易说出不得体的言辞，做出过激的行为。这样做的后果，只能使孩子身体受苦过了头，精神上受到的教益却不足。

愤怒不是控制孩子的武器，盛怒之下批评教育孩子，只会引起他们的逆反和对抗，不容易让孩子接受。并且父母的愤怒会在孩子心灵中播下恐惧的种子，给孩子的身心发展带来不利的影响。因而父母应努力以心平气和的心境来对待孩子的过失和不足，尽量保持冷静和理性。如果遇到自己情绪不稳定时，最好不要教育孩子，以免给他们带来不必要的伤害，导致与正确的教育目的背道而驰。

洛克支招DIY

无论孩子犯的过失是大是小，家长都尽量不要对孩子动粗动怒。特别是在情绪失控的时候，更不应该把气撒在孩子的身上。暴怒不仅会伤害孩子，还会掩盖过失的本质，让孩子错失体验过失的心境而一错再错。

●管理好自己的情绪。家长在平时的生活和工作中，要学会管理好自己的情绪，努力使不良情绪及时排解或转化，这样对孩子和自己的身心健康都有好处。

●理智对待孩子的过错。每个孩子都是在不断地犯错误和改正错误中长大的，对于孩子的过错，应以一颗平常心理智宽容地对待。即便有时孩子犯的错误的确让父母极为震怒，也要努力控制好自己的情绪，理智冷静地对孩子施以教育和引导。

●暂时回避，给自己和孩子一个缓冲的机会。当看到孩子犯错后，如果父母怒火中烧，一时平静不下来，不妨暂时离开现场回避一下，或是转移自己的注意力去做别的事情。待心情平静下来之后，再给孩子讲清道理，或选择其他方式教育孩子。这样既可以防止因冲动而言辞过激，又可以给孩子一个反思的时间和空间。

●教育应选对时间和地点。在指出孩子的缺点和错误时，应选择适宜的时间和地点。这种充分考虑孩子感受的做法，有利于孩子积极改正错误，使他们能够轻松接受父母的批评和教诲，并认真思考改正。

●用讲故事的方法旁敲侧击。针对孩子的过错，父母可以通过讲一些寓言故事、童话等方法，含蓄委婉地指出，让孩子从童话、故事中受到启迪，这样往往会收到意想不到的教育效果。

父母太多的斥责，尤其是怒火冲天的斥骂，对孩子的影响可以说是很糟糕的。

爸 妈 私 房 话

亲子间欢畅沟通的诀窍

融洽的亲子关系，是孩子健康成长的肥沃土地，是一切成功家庭教育的重要前提。只有掌握了与孩子沟通交往的技巧，才能开启他们的心灵世界，与他们达成美妙的情感交流，从而使他愿意与父母配合，并在父母的教育和引导下身心健康地茁壮成长。

——约翰·洛克

阅读时间：<u>30</u>分钟   受益指数：★★★★★

"说理"是最有效的方法

说服是打开孩子思想迷宫的钥匙，道理是儿童心灵的阳光。遇事讲道理，能提高孩子的认知能力，增强他们的道德感、理智感，使他们明是非，辨善恶，体验荣辱。这样孩子才能坚持正确的言行，将错误彻底改正。

故事的天空

朱琳到姚洁家做客，两个人商讨着出游计划，姚洁3岁的儿子晨晨在她们身边玩耍着。当她们制订好行动方案，正在喝水聊天时，见

晨晨正拿着一颗乒乓球向液晶电视扔去。

姚洁走过去把儿子拉开，训斥着："不能往电视机上扔东西，去一边玩去。"

晨晨走开没有两分钟，又开始拿起乒乓球向电视机扔去。

姚洁只好过去把乒乓球没收了，并命令他去玩小汽车。可是，晨晨就是不听话，非要乒乓球不可，母子俩僵持起来。

朱琳见状，笑容可掬地把晨晨拉到怀里，用商量的口吻说："宝贝儿，乒乓球是用来扔的，还是用拍子来打的啊？"

晨晨大声地说："用拍子打的。"

朱琳问："那你怎么往电视机上扔呀？"

小家伙忽闪着大眼睛无语了。

朱琳又问："电视机是做什么用的啊？"

晨晨立刻接茬儿："看动画片的。"

朱琳拿起乒乓球说："要是用乒乓球把电视机砸坏了，你可就看不成电视喽。"

晨晨点点头。

朱琳建议道："那咱们就打乒乓球吧。"

晨晨"咚咚"地跑进房间找球拍去了。

姚洁对朱琳赞道："呵，你可真行，耐着性子和他讲道理。"

朱琳说："小孩子也是明理的，关键是能让他们听得懂。"

晨晨拿来球拍，同朱琳你一下、我一下地打了一会儿，朱琳趁机展开了教育，说："看，乒乓球就是这样玩的，可不是砸电视机的哦！"

晨晨点头表示听懂了。

朱琳用提问的口气说："今后还用乒乓球砸电视机啊？"

晨晨大声地回答着："不！"

朱琳笑着亲亲他的小脸蛋，说："用其他东西也不能砸电视机呦！"

晨晨响亮地回答："电视机是看动画片的，砸坏了就不能看喜羊羊了。"

🙂 吕姐爱心课堂

生活中有些家长也像晨晨妈妈一样，总是爱使用命令、斥责、打骂等手段对孩子实施管教，久而久之，不仅失去了应有的教育效果，反而导致孩子逆反和更加不服管教。亲子关系恶化了不说，对孩子的身心健康还造成了极大危害。

温和耐心的说理，是家庭教育中一条至关重要的铁律，是每个明智的父母都不可忽视的教子方式。实践证明，以理服人是逐步形成儿童良好心理素质和品质的重要的教育方法之一。约翰·洛克就建议家长平常对孩子要"说理"，他认为："唯有说理，是对待孩子真正有效的方法。"

在现实生活中，当孩子长到能听懂说话的时候，就已经开始明白道理了。对他们讲道理并非对牛弹琴，之所以孩子不听话，是因为沟通方式不对，孩子没有听懂造成的。对孩子说理要以适应他们的理解力为标准，不能长篇大论去讲道理，这样只会让孩子感到奇怪和迷茫，无法起到教导的积极效果。

温和而理性的教导，不会伤害亲子之间的感情。在一些文明民主的家庭中，都是以"理"做决断的。从小在这种环境中长大的孩子，自然就不会去无理取闹，父母也无须动用训斥、责骂等粗鲁的方式管教孩子。家庭自然就会形成一种相互关爱、和谐、温馨的氛围，这更加有利于孩子的成长。

孩子的身心发展是一个从量变到质变的过程，尤其是对于那些处在幼儿时期的孩子来说，他们认识事物的能力不是很强，对很多客观事实还分辨不清是非、善恶、美丑、荣辱等界限，只知其然，不知其所以然。所以，往往在做错事情时，也不知道自己错在哪里。这就需要父母拿起"说理"的工具，用孩子能听得懂的语言与他们交流，逐渐让孩子认清事情的本质，他们才能知道该如何去做。

洛克支招DIY

循循善诱地说理，是父母教育孩子的重要手段，是流向孩子心灵的一股清泉。跟孩子讲道理，不仅需要父母的爱心和耐心，还要结合他们的年龄、心理特征，选择恰当的方法和技巧，才能达到理想的教育效果。

●亲切耐心地以理服人。父母在说理时不仅要把道理说得透彻，还要用亲切的话语、温和的表情、生动的语言去打动孩子，以使道理在孩子的情感上激起波澜。如果父母在说理时，表情严肃、态度生硬、语言枯燥，孩子不愿意听，自然达不到应有的教育效果，甚至会使他们产生逆反心理。

●充分肯定孩子的长处。在跟孩子讲道理时，应先充分肯定孩子的长处，对孩子的进步给予及时的表扬和鼓励，让孩子知道自己的行为受到认可，能达到正强化的作用。当对孩子的过错予以纠正时，孩子就容易接受父母的意见了。

●说理要"对症下药"。给孩子讲道理，要针对每个孩子不同的年龄、不同的心理特征、不同的个性，说理方式要有所区别。要针对孩子的思想实际，有的放矢地进行说服教育。

●所讲的道理要让孩子能够理解。大道理是不适合对孩子讲的，跟孩子讲的道理应合情合理，使孩子能清楚自己的哪些行为是不对的。如果孩子弄不懂父母的意图，下次还会犯"同样"的错误。

●趣味性说理更易让孩子接受。空泛的大道理，大人都讨厌，孩子就更不爱听了。所以给孩子讲道理，应避免把道理说得生硬、死板、概念化，可引用一些现实生活中实际的例子，或给他们讲一些有益的故事，引导他们观看一些健康的电视节目及书籍等，用生动活泼的语言吸引孩子，使他们听起来有趣味，自然接受起来也就更容易了。

●要了解孩子的情绪状况。跟孩子讲道理，要充分了解孩子的情绪状况，在他们情绪较好时，对其进行教育，孩了比较容易接受。若在孩子情绪低落时跟他说理，是很难奏效的。

●说理要适当、适度。给孩子讲道理，说清楚即可停止，不要说起来就没完没了。有的家长在给孩子讲道理时，生怕孩子没听懂或记不住，一遍遍重复和唠叨。其实说多了等于没说，反而招致孩子厌烦。

洛克小语 ♡

　　唯有说理，是对待孩子真正有效的方法。孩子在远比你想象得更早的时候，就期望自己被别人视为有理性的人了。父母应当在可能的条件下，尽力接受并利用孩子的这种天性，把它当成一种教育孩子的最佳工具。

仔细倾听孩子的诉说

倾听，是与孩子心灵的沟通。只有用心倾听才会真正走进孩子的内心世界，了解他们的情绪、情感、需求，才能有针对性地对他们实施帮助和引导。

故事的天空

4岁的娜娜从幼儿园回到家，就拽着妈妈的衣角有话要说。妈妈却连连摆手，因为她正在电脑前忙着搞她的策划方案。

娜娜很失望地坐在妈妈身边的小椅子上，边百般无聊地摆弄着手里的玩具，边嘟嘟囔囔地说："要是爸爸在家就好了。"

终于把所有的细节敲定了，娜娜妈妈伸了一个懒腰，站起来准备去做饭，看女儿歪在小椅子上睡着了，赶紧过去抱起来准备往床上放。

被惊醒了的娜娜一睁开眼睛，就对妈妈说："妈妈，今天幼儿园里来了一个新老师可喜欢我了。"

娜娜妈妈亲了女儿一下说："乖，妈妈去做饭了。"

娜娜有些失望地从妈妈怀里溜到地上，沉默地走到客厅的电话机前，一个数

字一个数字地拨打着爸爸的手机，她要和出差去外地的爸爸说说话。

娜娜妈妈觉得孩子真缠人，一天到晚想找大人说话，有什么可说的呢？

吕姐爱心课堂

孩子喜欢和父母分享心中的小秘密，可是有些父母由于工作忙，或认为听孩子说话是一件无聊的事情，甚至是在浪费时间，根本不给孩子说心里话的机会，这使孩子感到极度郁闷。

约翰·洛克说："在跟孩子沟通的过程中，家长要善于倾听他们的诉说，要以兴致勃勃的态度倾听孩子的疑虑、感受、快乐、郁闷等，这样才能更好地了解他们，并有利于对他们进行有的放矢的指导和帮助。"不认真倾听孩子讲话，不给孩子倾诉的机会，是对孩子的不尊重。久而久之，会伤了孩子的心，导致他们向你关上心灵的大门，为今后的亲子沟通埋下障碍。

孩子毕竟只是孩子，他们愿意把心里话讲给父母，是因为对父母信任。不要因为孩子的疑虑、问题单纯或不着边际，就不给他们说话的机会。而是要认真地听孩子诉说，和他们同享欢乐或分忧，让孩子把心事说完。

爱孩子，教育孩子，必须从倾听开始。如果孩子心中有一些困扰能向爱自己的人说出来，通常问题就解决了一大半。对孩子来说，随时有人倾听自己、关注自己，这是一种最大的心理上的支持。如果心中的烦恼经常得不到发泄和疏通，孩子心灵就会"淤塞"，变得沮丧和郁闷起来。

孩子不仅需要生理上的营养，更需要心理的营养，而倾听孩子的心声，给他们精神和感情上的关怀、支持，才能供给孩子需要的心理营养，这样也更易于与孩子建立亲密关系。父母的倾听能帮助孩子释放情绪，增强安全感，提高孩子的专注力，也会使孩子对父母的信任感越来越深，敢于向父母袒露自己的内心世界。

倾听孩子的诉说，是一把开启孩子心灵之窗的金钥匙。它让孩子从小体味到自己是被父母关爱和重视的。孩子是父母的希望，在繁忙工作之余，请抽出一点时间耐心地听孩子说说心里话。

洛克支招DIY

每个人都要倾诉，孩子也不例外。父母是孩子最亲近的人，孩子最希望父母能够耐心地倾听自己的心声。所以，父母要给孩子倾诉的机会，让孩子生活得更加快乐无忧。

●**让孩子把话说完**。孩子有话要说，就让孩子说完，父母不要因为忙而打断孩子的话。最好中途不要插话，只要简单地附和一下就可以了，让孩子的思路不受干扰。

●**适当使用肢体语言**。肢体语言最大的好处是不打断孩子的说话，却能给孩子传达出自己的爱意。如紧挨着孩子坐着，同时侧身搂着孩子的肩膀，微笑地注视着孩子，使孩子感觉父母是对自己重视的。

●**表现出你的兴趣**。在倾听孩子说话时，不管孩子跟你说的是一件如何简单的事情，你都要做出认真倾听的样子，表现出你的兴趣。这会使孩子更加兴致勃勃地讲下去，进而表达出自己的情感和思想，实现与父母的思想交流和情感沟通。

●**不要站着听孩子说话**。最好不要站着听孩子说话，这样孩子需要仰视，会给孩子造成压力。要和孩子视线平等，蹲下来或与孩子并排而坐，可以拉近父母与孩子之间的距离，能够帮助他们自然地说出心事。

●**用互动性的语言拉近与孩子的距离**。在倾听孩子说话时，如果父母总是沉着脸，一言不发，一副漫不经心的样子，就会令孩子十分失望。父母可以适时地提一些简单的问题，或是加入一些诸如"太棒了""哦，是吗""我跟你想的一样"等互动性的语言。这会使孩子感觉到父母与自己的心灵是相通的，进而更加敞开心扉地与父母畅所欲言。

●**向孩子做出合理的解释**。当孩子想对父母倾诉时，如果当时确实没有时间，也不要敷衍孩子。可以先问问孩子这件事情是不是非常紧急，跟孩子解释说现在父母非常忙，等过一会儿再和他交流，或和他约定一个谈话的时间。向孩子承诺后一定要兑现，忙完后记着耐心地听他们把话说完。

洛克小语 ♡

在跟孩子沟通的过程中，家长要善于倾听他们的诉说，要以兴致勃勃的态度倾听孩子的疑虑、感受、快乐、郁闷等。这样才能更好地了解他们，并有利于对他们进行有的放矢的指导和帮助。

敞开心扉，做孩子信赖的朋友

　　如果希望孩子对你敞开心扉，所有的事情都向你请教，你就应该先对他敞开胸怀，坦诚地把自己的想法和感受跟孩子讲。一旦与孩子形成了朋友式的交流，那么双方都会感到这是一件非常幸福的事。

🧒 故事的天空

　　付霞有些心情郁闷地回到家里，5岁的女儿蓝蓝欢天喜地地迎上来，亲昵地喊着妈妈，随手把拖鞋放到妈妈的脚边，接过妈妈的手包放到衣架上。

　　孩子的乖巧，令付霞心情好了许多。换上拖鞋后，拉着女儿的小手，坐在沙发上，说："宝贝儿，妈妈今天心情不好，你没有怪妈妈吧？"

　　蓝蓝爬到妈妈的怀里，用小脸蹭着妈妈的脸，无声地安慰着付霞。

　　付霞亲了一下女儿的小脸蛋，说："今天下午可真倒霉，我做的方案不但没有通过，还和领导

倾情解读约翰·洛克卓越教育

吵了一架……"

蓝蓝瞪着大眼睛听妈妈诉着苦，不时用小手摸摸妈妈的脸，显得十分顺从。在妈妈叹息时，也会表示赞同地点头或是摇头。

付霞和女儿倾诉了一番，觉得心里豁亮了许多，拉着女儿的小手说："走，咱们去做好吃的，安慰一下自己嘛！"

蓝蓝露出笑容，欢快地点着头，撒娇地说："妈妈，我要吃炸春卷。"

付霞爽快地说："好的，咱们立即动手。"

母女俩在厨房里忙活着，刚进门时的那份郁闷早没有了踪影。付霞边做饭，边看着可爱的女儿，心里暗暗地说，多亏了我的小宝贝，要是没有一个可以倾诉的对象，心里的郁闷不知要多久才能得以释怀呢！

吕姐爱心课堂

家是温馨的港湾，家庭成员可以相互安慰。许多人觉得，有什么心里话对孩子讲，会失去大人的尊严。其实，孩子也是最知心的人，他们虽然没有成人的语言表达能力和思维，却一样可以起到安抚的作用。同样，和孩子成为知己，孩子才能信赖父母，及时把自己的心事讲给父母听，寻求安慰。

约翰·洛克说："你平等地对待子女能够获得更大的益处，就是子女跟你的友谊。"和孩子交朋友，不仅可以密切亲子关系，还利于孩子的身心成长。所以，父母应放下架子，和孩子互相诉说心事，闲谈家常。只要孩子看见你的胸襟对他敞开了，就能获得孩子的信任，他也会关注家里的日常事务，把这些事当作自己的事情一样关心。

在我国传统的教育理念里，亲子之间往往是一种互为表里的从属关系，这种定位下的亲子是很难进行正常交流的。约翰·洛克倡导和孩子建立起平等尊重的朋友关系，开诚布公、推心置腹地与他们进行沟通和交流。事实也的确证明，只有这样，才能取得孩子的信任，激发孩子内心的动力，让他们体会到成功的快乐。在这样和谐的家庭氛围中，孩子会感到幸福温馨，不仅有利于缺点的改正，更有助于孩子的健康成长。

和孩子做朋友，就要和他们交心，把彼此的想法告诉对方，与他们多亲近。一旦孩子与父母形成了朋友式的交流，双方都会意识到，这是一件非常幸福的事。

信任是人与人之间的一种彼此依赖关系，在家庭里，亲子之间也同样需要信任。为此，在日常生活中，家长要和孩子多交流，与孩子成为朋友。只有这样，孩子才能与家长建立起互信机制。

● **放下家长的架子**。家长要想成为孩子的朋友，就要放下做家长的身架，与孩子平等交流。并且要以身作则，要求孩子做到的自己首先要做到，为孩子做出榜样。只有把孩子当成知心朋友对待，孩子才能与父母产生感情共鸣。

● **把心中的郁闷告诉"小知己"**。在日常生活中，要与孩子多进行情感互动，自己有了郁闷，也可对孩子说说心里话，不要把话闷在肚子里。让孩子知道他对父母有多重要，这样孩子也会把自己的心事及时向父母倾吐。

● **同孩子多聊天**。聊天是与孩子交流最简单、最有效的办法，因为聊天可以随时掌握孩子的思想动态，对他们的学习及生活有针对性地进行引导。

● **志同道合更能成为好朋友**。有共同兴趣和爱好的人，交流起来才会有更多的话题，才更容易成为好朋友。因而要培养与孩子共同的兴趣，如看球赛、听音乐、游泳、下棋等。

● **关注孩子的需要**。若要孩子和父母心贴心，就要细致深入地了解孩子，关注孩子的需要。不仅仅是从语言上，还要从他们日常的行为中去感受孩子的内在和潜在的需要。只有说到孩子的心坎上，或及时为他们提供所需要的，才能让孩子向父母靠拢。

● **及时体会孩子的感受**。当孩子在外面受了委屈，或者遇到了什么伤心事，父母要及时予以安慰，使孩子尽快从阴影中走出来。

洛克小语 ♡

　　建立、巩固相互的友谊与善意的最好方法莫过于彼此信任，互相诉说心事，闲谈家常。假如你想要孩子对你敞开心扉，想要他所有的事情都向你请教，那么你就应该先对他敞开胸怀，去获得他对你的信任。

和孩子亲切交谈，把他当大人看待

　　交流，在孩子逐步成熟的过程中起着尤为重要的作用。经常和孩子谈心，不仅使亲子之间的关系更融洽，还对培养他们的自信心和责任感，以及增强孩子的交往能力、分析能力等都十分有益。

🧒 故事的天空

　　星期天在公园的长椅上，4岁的伟伟正和妈妈交谈着，他们在商量吃完午饭后，去商场购物的事情。

　　伟伟想要一支枪柄镀金的手枪，因为他看见邻居的小哥哥就有这样一支玩具手枪。

　　妈妈说："那确实是一支很好看的手枪，可是对于你来说有些大了，我认为不太适合。"说完，妈妈拉起他的小手比画了一下。

　　伟伟想了想，说："那我就要一支小一点的吧。"

　　妈妈点头表示赞同，接下来母子俩又开始探讨如何给伟伟布置书房，小家伙也对此提出了自己的想法和建议。

　　这一幕被伟伟妈妈的同

事叶莺看到了，走过来打着招呼，说："呵，看你们母子二人谈得多投入，简直是旁若无人啊。"

伟伟喊了一声"阿姨好"，便跑到草丛中玩耍去了。

叶莺问伟伟妈妈："同小孩子有什么好谈的？"

伟伟妈妈说："孩子虽小，也要把他当成大人来对待，多和他们交谈，对他们的成长有利。"

叶莺不解地看看跑跑跳跳的伟伟，说："这有点太早了吧，他能同大人正常交流？"

伟伟妈妈说："可不要小瞧孩子的能力，只要给孩子机会，他们很快就能与你进行沟通的，关键是要和孩子推心置腹。"

吕姐爱心课堂

和孩子交谈，把他当成大人看待，并非让他参与什么，而是让孩子感觉自己受到父母的重视，更愿意融入家庭。约翰·洛克建议："到孩子年龄渐渐大了，能够比较平等地对话的时候，家长应当进一步和他亲切地谈心，甚至可以在孩子所了解的范围内就某些事和他商量，征求他的意见。"

不要小瞧与孩子平等的沟通，其好处是能够让孩子开始独立思考，这可是任何规劝都达不到的效果。同孩子严肃认真地交谈，无形中可以让他们的心理素质得到提升，更利于孩子发展。

在现实生活中，凡是以平等口气来与孩子交谈的父母，都能顺利地实现和孩子之间的沟通。否则，孩子根本不听父母的唠叨，依旧我行我素。

越早把孩子当成大人来对待，他就能越早成熟起来。孩子是家庭中的一员，享有与家长平等的地位。很多家长在决定一些事情，尤其是一些重要的事情时，往往把孩子排斥在外。事实上，孩子虽小，也是一个独立的个体，他有权知道关于自己及家庭的事情，有权参与到家庭事件的讨论中来。因此，对于一些家庭事务，特别是那些涉及孩子的某项决定时，最好和孩子商量，征求一下他们的意见。这样全家人围坐在一起商量某件事情，相互交流，互通思想，把各自的观点都摆出来，不仅体现了家庭的民主与和谐，还有助于增强孩子的自信心和思考力，从而让孩子学会分析问题，学会与人交流思想，这对孩子的成长是非常有帮助的。

洛克支招DIY

每一个孩子都希望父母把他们当成大人一样来看待，关心他们的内心世界。所以，父母要学会与孩子谈心，更深入地了解孩子，走进孩子的心灵深处，与他们融洽相处。

● **要舍得花时间与孩子交谈**。再忙也要挤出时间同孩子交流，通过交谈不仅可以及时了解孩子的想法与表现，还可以向孩子传递一些对他们的希望和要求，以促进孩子各方面的发展。

● **真诚地与孩子交谈**。与孩子交谈时态度要真诚，尽量避免使用指责或命令的语气，而应采用亲切和蔼的态度，和孩子一起针对某件事情展开讨论或共同协商。即便孩子与自己的意见和想法不统一，或他们的想法的确是错误的，也要采取耐心引导的方式，帮他们仔细分析，让孩子自觉主动地接受父母的观点，而不是强迫他们去执行。

● **让孩子参与家庭事务**。孩子也是家庭中的一员，对于一些家庭事务，可以让他们一起参与进来。父母认真地把事情向他们讲述，以征求他们的建议。这会使孩子感到自己受到尊重，从而十分乐意为父母"献计献策"。

● **尊重孩子的看法**。在与孩子的交谈沟通中，父母要记住，孩子也是一个独立的个体。所以，在和孩子交谈的时候，不要只顾表达自己的想法，还要认真对待、尊重孩子的看法，并与孩子进行良性的互动才行。

● **采纳孩子的合理建议**。针对一件事情与孩子交谈时，如果孩子提出的建议切实可行，那就不妨按照他说的去做。如出游的地点、家庭的装饰、衣着的搭配等。孩子看到自己的建议被采纳，一定会油然生出一种自豪感。这样做不仅不会降低父母的威信，反而能够让孩子更加敬重和爱戴父母。

洛克小语 ♥

到孩子年龄渐渐大了，能够比较平等地对话的时候，家长应当进一步和他亲切地谈心，甚至可以在孩子所了解的范围内就某些事和他商量，征求他的意见。这样做不仅能够让孩子开始独立思考，还可以使他的心理素质得到提升。

允许孩子发表自己的意见

让孩子大胆说出自己的意见，可以使他们的个性得以张扬，思维更加活跃，并且能够让他们更独立、更自信。明智的父母应该为孩子创设一个民主的家庭氛围，支持、鼓励孩子主动说出内心的想法。

🧒 故事的天空

星期天，冲冲家正召开家庭会议，他们的议题是"十一"长假怎么过，父母决定去海南旅游，冲冲觉得还是去东北大兴安岭看原始森林比较好。

爸爸鼓励道："那你说说看，为什么要去看森林啊？"

冲冲眨着大眼睛说："秋天的森林可好玩了，有好吃的松子，有金黄的树叶，有蓝蓝的天空，还有小松鼠呢。"

作为中原人的妈妈有些奇怪地问："东北的秋天有那么好吗？"

冲冲咚咚地跑回房间，把上次爸爸给他买的旅游画册拿来，一页一页地翻给妈妈看着，说："看，还有鹿，还有野鸡野鸭呢。"

妈妈看后，也觉得该去大兴安岭一饱眼福，可是已经和同事约好一起去海南了怕失约于人。于是给同事萧华华打电话说明情况。

萧华华在电话里说："嘿，你可真行，一个小孩子的意见还挺当回事，在我们家是没有孩子发表意见的权利的，几岁的孩子懂什么呀。"

冲冲妈妈说："我们家比较民主，孩子也是成员之一嘛，再说这也能促进孩子身心发育。倒是你应改变一下'独裁'的作风哦。"

放下电话，萧华华也带着孩子匆忙赶了过来，她想说服冲冲的一家改变计划。结果几个人一商量，决定去东北而不是海南，因为萧华华的女儿燕燕也向往原始森林，她要去做采蘑菇的小姑娘。

吕姐爱心课堂

明智的父母应该为孩子创设一个民主的家庭氛围，不要做专制的家长。约翰·洛克说："在与孩子相处时，家长不可以摆布孩子，吩咐孩子这样做或那样做。要让孩子发表自己的意见，在叫孩子去干什么时，也要让他习惯于运用自己的理智去思考。这样家长的训诫才更容易被孩子接受，对孩子心理的影响更深，孩子也会乐于接受父母的教育和引导。"

孩子有表达自己意愿的权利。给孩子自由，让他们说出自己的想法是非常重要的。这样可以让孩子个性得以张扬，心灵得到放飞，自主意识和创新意识得到加强，并且使他们的思维更加活跃，自尊和自信得以保持。因而父母不仅不能束缚孩子的思想，还要给他们机会，鼓励孩子主动说出内心的想法，这有益于孩子的健康成长。

在我国传统的家教里，是不鼓励孩子发表自己的意见的。大多数父母喜欢孩子乖巧听话，百依百顺，容不得孩子的反对意见，更容不得孩子的反驳。否则，就是忤逆，就是教育的失败。在现代社会，这种教育方法已经不适应新的形势了。一个父母眼中的乖孩子，但同时也可能变成毫无判断能力和没有独立生活能力的人。失去了活力、竞争、民主和求知创新精神，孩子未来是很难融入越来越开放的社会生活的。

洛克支招DIY

孩子敢于大胆表述自己的看法，是一种自信的表现，是一种能力的体现。因而父母应摒弃以往那种"不容讨价还价"和"不容争辩"的教子方式，给他们创造一个宽松的成长环境，鼓励孩子大胆提出与自己看法不同的意见。

●**家庭要有浓郁的民主氛围**。孩子是很在意别人的看法的，他们有着强烈的表达欲望。父母要放下身段，耐心地倾听孩子的意见，鼓励孩子的质疑，让他们畅所欲言，给他尝试的机会。在这样和谐、民主、平等的家庭氛围中成长的孩子，才会有自己独特的思维方式。

●**支持孩子的"与众不同"**。孩子做事情时，有自己不同的想法是很重要的。父母不要认为事事听从大人想法的就是好孩子。当他们提出一些特别或与众不同的想法时，不要认为不合理给予断然否定，而是应支持、鼓励他们这种思维活跃的表现。并且在平时的日常生活中，还可以引导孩子思考，让他们提出自己的看法和意见，如经常询问孩子："你对这件事有什么看法？""这样做，你觉得怎么样？"等等，让孩子拥有自己的想法。

●**耐心倾听孩子的意见**。当孩子提出自己不同的想法和意见时，父母应以宽容、鼓励的心态认真倾听，不要随意中途打断，使孩子感觉自己受到了尊重，这样他们才能畅所欲言。

●**学习环境要多样化**。要想让孩子有思想，能表达，还要让孩子长见识才行。父母要多带孩子走出家门，鼓励引导他们用自己的眼睛观察世界、理解世界，将这个世界重新组合。有意识地让他们长见识，孩子才能有自己的思想和见解，才能有"话"可说。

洛克小语 ♡

　　在与孩子相处时，家长不可以摆布孩子，吩咐孩子这样做或那样做。要让孩子发表自己的意见，在叫孩子去干什么时，也要让他习惯于运用自己的理智去思考。这样家长的训诫才更容易被孩子接受，对孩子心理的影响更深，孩子也会乐于接受父母的教育和引导。

关注与鼓励，"淘气包"乖乖听话的秘籍

　　孩子的心理有时候很微妙，故意调皮捣蛋也许只是为了引起你的注意。因而父母不应吝啬自己的鼓励、赞美之辞，多多向他们示爱。一旦孩子的内心需求得到满足，他们自然会逐渐改掉自己的不良行为，变得乖乖听话起来。

📖 故事的天空

　　淘淘妈妈正在单位上班，突然手机的铃声响了起来，来电显示告诉她，这是儿子幼儿园张老师的号码。淘淘妈妈心跳开始加速，知道准是儿子又闯祸了。果然，他把一个小女孩推倒在地，还幸灾乐祸地哈哈大笑。

　　当淘淘妈妈赶到幼儿园时，4岁的淘淘正独自坐在教室的一角反思，看到妈妈的到来，他冲妈妈做着鬼脸，一副扬扬得意的样子。

　　张老师指着一个刚刚哭过的小女孩，说："看，把人家孩子推倒

了，还拒不道歉。"

淘淘妈妈赶紧好言好语地安慰一番。

张老师说："淘淘真是太调皮了，唱歌时他故意发出尖叫，小朋友在排练'六一'节目，他在一旁捣乱，滑滑梯时他堵在入口……"

淘淘妈妈听后，也很无奈地说："这孩子的确太淘气了，在家里也没少挨他爸爸的打，我也常常批评他，可就是不管用，总是事与愿违。"

张老师顺手拿出一本早教书，递到淘淘妈妈的手中，说："回家后好好看看这本书吧，也许对你会有帮助。"

淘淘妈妈千恩万谢地说："好的，好的，回去一定好好学习学习。"

回到家后，淘淘妈妈迫不及待地打开书看了起来。通过专家解读发现，原来自己的儿子如此淘气，板子该打在父母的身上。由于他们夫妻二人平时工作忙，无暇顾及孩子，给予他的关注不够。孩子缺少爱和鼓励，就会用各种淘气行为来吸引大家的注意力。找到了原因，自然能有的放矢地去引导教育孩子了。

吕姐爱心课堂

乖巧听话的孩子自然受到大家更多的喜爱，而那些爱捣蛋的"淘气包"则往往总是招致父母的批评和责难。可事与愿违，越是批评，他们越是变得更加不可理喻。

针对孩子的顽皮淘气，约翰·洛克在不断地精心观察和分析中发现：即便是"顽劣成性"的孩子，也不缺乏"优点"。他们之所以表现得异常顽劣，大多是因为在家中缺少关注和爱，或是因为在学习和生活上屡遭挫败，使自信心受伤而致。在这些"顽劣"的孩子心底，实际上依然潜藏着自我肯定的需求。正是由于渴望成功，渴望受重视、受信任的心理太迫切，他们才表现出日常看到的那"顽劣"的一面。

孩子淘气，是困扰很多父母的难题。其实，淘气本不是孩子的错。父母不得当的教育方式，才是导致孩子调皮捣蛋的根源。每个孩子都渴望得到爱和关注，渴望被表扬、鼓励、肯定，可是父母往往看到他们淘气、不省心，自然很少给予这些能使他们心理获得满足的机会。这样一来，更加导致孩子变得淘气顽皮。因为他们的心理需求没有得到满足，心中缺乏安全感，于是便会选择特别的方式来期盼被注意。孩子的心理有时候很微妙，故意调皮捣蛋只是为了引起父母的关注而已。

每个孩子都有闪光点，对于淘气的孩子，父母应多给予他们关注和鼓励，让孩子的自尊心得到充分满足。只要引导有术，相信"淘气包"一定能在父母深深的爱和由衷的赞美中改变以往的不良行为，变得越来越听话起来。

洛克支招DIY

对于爱淘气的孩子，父母要通过多种形式来表达对孩子的爱，尽量找出他们的闪光点，以鼓励他们的进步，让他们在父母的关爱和鼓励下逐渐改掉自己的不良行为。

● **多给孩子些关注和爱**。孩子拥有了足够的温暖和爱，心里才会产生安全感，才会乐于配合父母，接受父母的指导和建议。平时应经常和孩子聊聊天，拉拉他的手，抱抱他，和他们一起游戏玩耍，让孩子时刻感受到父母爱他、关注他。孩子的心是极其敏感的，他能在第一时间感受到父母的爱。所以，要多抽出时间陪陪孩子，给予他们更多的关爱。

● **赞美孩子的闪光点**。鼓励和赞美是改变"淘气包"最行之有效的办法。每个孩子都不乏"闪光点"，即便是顽劣成性的孩子也同样如此。父母应积极寻找孩子的"闪光点"，并设法为他们提供显示"闪光点"的机会，诱发他们心灵深处期盼被父母或他人尊重、信任的渴望，帮他们树立起自信。孩子体验到积极的情绪，也便会有积极的行为产生，这样他们就会逐渐步入良性循环。

● **惩罚是最笨的方法**。有些父母看到孩子淘气，便采用惩罚的方式来让孩子听话。其实，这是最笨、效果最差的一种方法。即便孩子表面上会服从，而内心也是不服气的，依旧会我行我素。并且还会影响到孩子对错误的反省，因为他们认为受到惩罚，错误也就可以抵消了。

● **耐心等待孩子的改变**。对于异常顽劣的孩子，若想一下子使他们告别旧行为、变得乖巧听话是不现实的事情。父母要有足够的耐心，理智地看待孩子的改变。只要有一点点进步，就要给予他们肯定和鼓励。即便孩子出现反复，也要认可孩子的努力，不要对孩子的努力全盘否定。

在这些"顽劣"的孩子心底，依然潜藏着自我肯定的需求。正是由于渴望成功，渴望受重视、受信任的心理太迫切，他们才表现出日常看到的那"顽劣"的一面。改变这类孩子的唯一有效的办法，就是找出他们身上的"优点"，诱发他们心灵深处期盼被尊重的渴望，继而变为他们追求上进的动力。

爸 妈 私 房 话

做合格的父母

在料峭的春寒中，终于把最后一个字敲定。这时，三月的风轻叩着窗子，窗外的树冠上已经布满刚刚绽放的新芽。哦，春意竟然如此的浓郁啦！

也许是太专注于埋首案头，对季节的变幻并没有明显的察觉，在整整一个冬季，我一直沉浸在约翰·洛克的绅士淑女教育世界里。可以说，是洛克的绅士淑女之风吸引并感染了我。解读洛克是一件十分受益的事情，对自己也是一个充实。

约翰·洛克不愧是一代大师，他不仅着眼于孩子的现在进行时，更为他们的未来提前谋划布局。这是许多父母应该谨记的，更是必须深刻领会的。我们培养孩子的目的，归根结底是要他们的未来能大放异彩，而基础牢不牢，关键就在于孩子生命最初的几年里。

是的，无论是家庭教育，还是学校教育，都离不开人才的培养这一主旨。在没有接触洛克之前，觉得家教无非是让孩子多学习一些知识和技能，多懂得一些学问，而对于孩子品行的培养、礼仪的教授、习惯的养成等重视不足，这是家教的误区。洛克告诉我们，让孩子拥有强健的体魄、高尚的德行、良好的礼仪，甚至比让他们获取知识更重要。一个真正的绅士或淑女应该是集品德、健康、才能于一体的人。

把知识传授给孩子，把技能教给孩子，并不算完成了做父母的职责。作为合格的父母，还要身体力行，为孩子做出道德典范，做孩子的引路人，为他们创设一个良好的生活和学习环境，把绅士淑女教育贯穿到整个家教当中。通过引导，让孩子在不知不觉中被"感染"上好的行为习惯，继而逐渐积累起绅士淑女之风度。

正如窗外即将含苞怒放的春天，孕育一个生命，就要为他提供怒放的土壤和必备的条件。父母准备得越充分，越能为孩子的似锦前程加分助力。

把洛克带回家吧，让孩子成为真正的绅士或淑女！